へたおやつ

小麦粉を使わない
白崎茶会のはじめてレシピ

白崎裕子

「へたおやつ」を始めよう

LET'S HETA 1
小麦粉、卵、乳製品なし

焼き菓子やケーキなど、巷にあふれるスイーツは、
小麦粉、卵、バターを使って作るのが一般的。
へたおやつは、これらをいっさい使わないから、
アレルギーで食べられない人も、そうでない人も、
みんなで食べられる夢のようなおやつです。
しかも料理が苦手だったり、忙しい人でも、
作りやすいということが本書のきほん。
まずは、材料（P8～）をそろえてみましょう。

LET'S HETA 2
粉を混ぜすぎてもOK

これから登場するおやつはぜんぶ、
小麦粉の代わりに米粉を使うので、
泡立て器で混ぜすぎても心配ありません
（ふるう必要もなし）。
なぜなら米粉は、小麦粉と違って
生地にグルテン（粘りのある成分）がないので、
ダマになったり、かた～くなって
失敗することがないのです。

LET'S HETA 4
特別な道具が
なくてもいい

カップケーキをバット型で焼いてみたり、
クッキーを天板に丸ごとのばして
割って食べたり、
蒸しパンをボウルで混ぜて
そのまま蒸したっていい。
使う型も、おやつの形も、
あなたの自由です。
専用の型を持っていなくても、
家にあるもので作ることができます。

LET'S HETA 3
あわてずに
ゆっくり作れる

計量から焼き上げまで、
一気にあわてて作らなくていいようにできています。
たとえばケーキ類は、生地のベースを混ぜて、
冷蔵庫で寝かせられることがうれしいポイント。
ご飯を炊く前にお米を浸水させるように、
米粉に水分をしっかり吸わせて寝かせることで、
おいしい生地ができ上がるんです。
夜寝る前に仕込んでおけば、朝に焼きたても実現！

目次

「へたおやつ」を始めよう ……………………… 2
最初の「へた」ポイント ………………………… 6
これがおやつになります ………………………… 8
粉類 ………………………………………………… 8
水分 ……………………………………………… 11
糖類 ……………………………………………… 12
油 ………………………………………………… 13
塩 ………………………………………………… 13

1 寝かせておいしい　バット型ケーキ …………… 14
ふわふわコーンブレッド ……………………… 16
どっしりバナナブレッド ……………………… 18
かんたんブラウニー …………………………… 20
ナッツブラウニー ……………………………… 22
へたザッハトルテ ……………………………… 23
りんごとバナナのケーキ ……………………… 24
キャラメルりんごケーキ ……………………… 26

2 型抜きしない　きほんのクッキー ……………… 28
バナナのソフトクッキー ……………………… 30
マカダミアオレンジクッキー ………………… 32
コーヒーソフトクッキー ……………………… 33
オートミールワイルドクッキー ……………… 34
ジャムクッキー ………………………………… 36
チョコレートクリンクル ……………………… 38
スイートポテトクッキー ……………………… 40
濃厚ショートブレッド ………………………… 42
紅茶のショートブレッド ……………………… 44
チョコのショートブレッド …………………… 45
いちじくクッキーサンド ……………………… 46
キャラメルナッツクッキーサンド …………… 48

［番外編］へたシュークリーム ……………… 50

3 かんたんかわいい　カップのおやつ …………… 54
ふわふわカップケーキ ………………………… 56
へたチョコカップケーキ ……………………… 58
オレンジカップケーキ ………………………… 59
へた蒸しパン …………………………………… 60
りんご蒸しパン ………………………………… 62
さつまいも抹茶蒸しパン ……………………… 63

チーズ蒸しパン	64
マーラーカオ	66
かんたんパンナコッタ	68
なめらかチョコプリン	70
さつまいもブリュレ	72

4 指で押して作る ゆびタルト …… 74

きほんのゆびタルト	76
放り投げいちごタルト	78
かぼちゃのタルト	80
焼きりんごのタルト	82
ブルーベリーヨーグルトタルト	84
チョコのミニタルト	86
桃のミニタルト	88
じゃがいものチーズキッシュ	90

5 乳製品を使わない チーズのおやつ …… 92

チーズデザート ドライフルーツ&ナッツ・ミックスベリー	94
焼きチーズケーキ	96
洋梨のチーズケーキ	98
かぼちゃのチーズケーキ	99

6 混ぜて作る クリームのレシピ …… 100

ヨーグルトホイップクリーム／ラズベリーヨーグルトクリーム	102
レモンカスタードクリーム／カスタードクリーム	103
へたチョコクリーム／へたバニラクリーム	104
アーモンドクリーム（加熱専用）	105
寒天グラッサージュ	106
真っ赤なラズベリーソース／ラズベリージャム	107

［おまけレシピ］オニオンブレッド&ジンジャーブレッド	108
おわりに	109
白崎茶会 おすすめの材料	110

◎オーブンの温度や焼き時間は、あくまで目安です。
型の大きさ、オーブンの機種などによって変わるので、
様子をみながら適宜調整してください。
◎調理時間は、粗熱を取って冷ましたり、冷蔵庫で
寝かしたり、冷やし固める時間は除きます。
◎難易度は、★が少ないほどかんたんです。

最初の「へた」ポイント

HETA-POINT -1- デジタルスケールで計る

材料となる粉や水分、油などは、レシピ通りに、デジタルスケール（0.1g単位のもの）で計ることをおすすめします。g単位で統一して計れば、ボウルに入れていくだけで手間も少なく、誤差も出にくいのがいいところ。塩などのひとつまみは、親指、人差し指、中指の3本でつまんだ量です。

HETA-POINT -2- 入れる順番を守る

粉、水分、油など、状態が異なるものを混ぜていきます。レシピごとに「おいしくなる順番」になっているので、そのまま守ること。順番を変えてしまうと、油が浮いて生地がまとまらなかったり、なめらかに乳化しない原因に。本来の食感が損なわれ、パサパサしたり、固くなってしまうのです。

HETA-POINT -3- よ〜く混ぜる！

水分と粉、油を混ぜるときは、都度できるだけ念入りに混ぜてください。水分や油が生地にムラなく混ざりきることで、つやが出て、なめらかでおいしく、きれいな仕上がりに。乳化のコツは、右回しで小さな円→大きな円を描くように泡立て器で混ぜること。またベーキングパウダーや重曹を混ぜるときは、30秒など時間内でしっかり混ぜることで失敗しません。最初は、タイマーをセットして行うのがおすすめです。

HETA-POINT -4- オーブンを温めておく

オーブンに入れるまでの生地作りが、かんたんなものがいっぱいあります。あらかじめ、作り方の流れを把握したうえで、早いタイミングでオーブンを予熱しておくことが大切です。機種によって温まる時間は異なりますが、レシピの温度になる前に焼いてしまうと、よくふくらまなかったり、焼き上がる時間が長くなることも。また蒸しパンの場合も、蒸し器を温めておき、十分に蒸気の立った状態で入れられるようにしましょう。

HETA-POINT -5-

使うのはこんな型

クッキーなど、型を使わないレシピもありますが、ケーキや蒸しパン、タルトなどは下記の型を使って作っています。

バット型

P14〜のケーキのほか、タルトなども作れます。オーブンシートをしくことで、取り出しやすくなります。21×14×4cmのホーロー容器。野田琺瑯「レクタングル浅型 S」を使用。

カップ

カップケーキや蒸しパン、プリンなどに。レシピ量によって、4〜6個に生地を流します。100ml容量のものを使用。材質は使いやすいものを選んでください。陶器のプリンカップは「フォルテモア」。シリコンカップや耐熱ガラス製でも。

タルト型

1台あれば、ゆびタルト（P74〜）をすべて作れます。底が外せるタイプで、直径18cmのものを使用。生地を指で押すだけなので、タルトレットと呼ばれるミニタルト型（直径8cmを使用）に分けてのばすのも容易です。

ボウル

材料を混ぜる一般的な耐熱ボウルです。ボウルで混ぜて、そのまま蒸し器に入れれば、蒸しパン（P66マーラーカオなど）がかんたんに。

オーブンシート型

何もない場合は、右のようにオーブンシートを折って型にできます。焼けたら広げて、切り分けて。使いきりにすれば、洗い物も少なくすみます。

①オーブンシートは長方形になるように切る。

②四つ折りにする。

③角を広げ、三角形のように折る。反対側も同様に折る。

④両端を合わせて向きを変えてから、中心に向かって半分に折る。反対側も同様に折る。

⑤下の辺を2回折り返す。反対側も同様に折る。

⑥折り返した部分を開いて、型にする。

これがおやつになります

小麦粉、卵、バターなしでも、おいしく作るためのきほんの材料を紹介します。
特長を知っておくと、失敗がグンと減ります。

HETA-ZAIRYO
粉類
KONARUI

米粉

うるち米の粉。へたおやつの主材料です。**粒子がきめ細かな「製菓用」を選びましょう**（「パン用」は避けること）。「製菓用」の米粉でも、粒子が粗いものはもったりとして、ふんわり仕上がらないので、へたおやつに向いていません。

［米粉のテスト実験］

器に米粉を50g入れ、水大さじ4を加えて混ぜます。このときサラサラに溶ければ、あらゆるおやつ作りにぴったり。団子のようにもったり固まる場合はクッキーやタルトに使うか、下記のおすすめの商品を探してみてください。

◎おすすめの商品
米粉（陰陽洞・P110）/ 製菓用米粉（富澤商店）/
リ・ファリーヌ（群馬製粉）/ 米の粉（共立食品）

［米粉と上新粉の違い］

どちらも、うるち米が原料ですが、粒子の細かさが違います。上新粉は比較的粗く、ういろうのような和菓子向き。もっちり、ぼってりとさせます。ちなみに白玉粉は、もち米が原料です。

大豆粉

大豆を細かく粉砕したもの。**水分をよく吸って、生地にしっとり感やコクをプラスします。必ず加熱処理されたものを選ぶこと。**「生大豆粉」は青臭み、苦味が残ってしまうので、本書のおやつでは使いません。ちなみにきな粉は、大豆を炒ってから粉砕しているので独特の風味があります。

アーモンドプードル

アーモンドを細かく粉砕したもの。皮つきと皮なしは好みで。**独特の風味とコク**があり、生地に入れることで、**リッチなおやつ**になります。アーモンドが食べられない人は、**白すりごま、ココナッツフレーク**を使うと近い仕上がりに。ナッツを控えている人はP121も参考にしてみてください。

オートミール

脱穀したオーツ麦をつぶしたもの。細かさはメーカーによってさまざまですが、「オートミールワイルドクッキー(P34)」や「ゆびタルト(P76)」を作るときに、手でよくもんで砕いて生地に混ぜると、**このうえないザクザク感**が出ます。ケーキの上に散らして焼いてアクセントにしても。

コーンミール

乾燥させたとうもろこしを細かく粉砕したもの。**プチプチとした食感**が出ます。コーンブレッドをはじめ、香ばしい生地のおやつには欠かせません。

コーンスターチ・片栗粉

コーンスターチはとうもろこしのでんぷん、片栗粉はじゃがいものでんぷんが原料になっています。**生地をふんわりさせる**ほか、クリーム作りでも活躍します。加工でんぷんは避け、国産の伝統製法で作られたものがよいでしょう。

粉寒天

「かんたんパンナコッタ(P68)」「なめらかチョコプリン(P70)」「さつまいもブリュレ(P72)」など、**デザートを固める**ときに使います。またタルト生地に配合して豆腐の水分をちょうどよく吸収したり、カスタードやフィリングを固めるときにも重宝します。

ベーキングパウダー

焼き菓子には欠かせない膨張剤。生地を色白のまま、**縦にふくらませる**力があります。アルミニウム・小麦粉不使用のものを選んでください。**計量には十分注意を。**

重曹

食品用の商品を選ぶこと。生地を**横にふくらませ**、おいしそうな焼き色をつけます。ただし、アルカリ性で**苦味**があるので、へたおやつでは、レモン汁、ヨーグルトなど酸性の材料と合わせ、反応させて苦味をなくすレシピにしています。**計量には十分注意を。**

水分 SUIBUN

豆乳

くせのない**無調整タイプ**を選びましょう。**大豆固形分が9%以上**あると、生地作りのときに油と乳化しやすいです。また豆乳を控えている人は、**ココナッツミルク、ライスミルク**で代用できます（同じ仕上がりにはなりません）。

豆乳ヨーグルト
（そのまま・水きりしたもの）

豆乳を発酵させてできたヨーグルト。**無糖のもの**を使います。とろみがあるので、生地と乳化しやすくなります。水きり(P95)して使うと**濃厚なコク**を出せるので、乳製品を使わないクリーム作り、チーズ風デザートに欠かせません。

豆腐

なめらかにつぶしやすい**絹**を使います。**充填タイプ**が扱いやすくておすすめ。どっしりとしたブラウニー、ソフトクッキー、タルト台、キッシュのフィリングに。また、「へたチョコクリーム(P104)」の主役です。

レモン汁

豆乳に加えて**とろみをつけて乳化**させたり、重曹とセットで**反応**させ、ケーキをふくらませます。クリームの風味づけにも。

ココナッツクリーム

「かんたんパンナコッタ(P68)」、「さつまいもブリュレ(P72)」などぷるぷるで濃厚なデザートのベース。ココナッツミルクが冷えて分離した固形分でも代用できます。

白みそ

甘みと旨味があり、発酵風味を加えることができるため、チーズ系のおやつのコクをアップさせます。シンプルな材料のものを選びましょう。

糖類
HETA-ZAIRYO / TOURUI

てんさい糖

甜菜(砂糖大根)の根が原料の甘味料。さまざまありますが、**パウダー状で溶けやすいもの**がおすすめです。粒が溶けにくいときは、少し置いておきましょう。低GIの**ココナッツシュガー**も、黒糖のようなコクと色味があっておすすめです。

はちみつ

純粋はちみつを選びましょう。とくに、アカシアのはちみつが向いています。生地に入れると乳化しやすい、糖分が少なくても**焼き色がつきやすくなる**メリットもあります。

メープルシロップ

カエデの樹液を煮詰めた甘味料。ミネラルが豊富で、**独特の深いコク**があります。クッキーなど、香ばしいおやつの甘味料として。

ココナッツミルクパウダー

細かなパウダー状なので、ケーキやタルトの仕上げで、**粉砂糖の代わり**にふるときに。また、水で溶けばココナッツミルク、ココナッツクリームが必要な分だけ使えて便利です。

油 ABURA

なたね油

もっとも身近で、扱いやすい植物油。**味や香りにくせがなく、質のよいもの**を選ぶこと。黄色いものは風味が強く、へたおやつには合いません。そのほか、太白ごま油、グレープシードオイルなどでも。

ココナッツオイル
(無香タイプ)

もっとも酸化しにくい油です。**低温（24℃以下）で固まる性質**があるので、冬場などは湯煎して使いましょう。また、ココナッツの香りが強いものがありますが、無香タイプを選ぶのが基本。

[ココナッツオイルで作る理由]
低温で固まる性質を利用して、生地に配合して冷蔵庫で寝かせると、クッキーはサクサクとした食感になります。またブラウニーなどのケーキも、寝かせるとしっとりとおいしくなっていきます。切り分けたときに、断面がきれいになるメリットも。

[溶かす＆使うときのコツ]
いきなり熱湯で湯煎したり、温度を上げすぎないこと。また生地に加えるときは、溶かしたものを一気に入れて混ぜます。少しずつ入れると、ダマになるので注意。

塩 SIO

塩

ミネラルの多い、海水100%で作られた**「海塩」**を使いましょう。豆乳を使うときに適切な量（レシピ通り）を入れることで、**苦味や青臭さを和らげます**。

その他 SONOTA

ココアパウダー

乳製品不使用の純ココアを選ぶこと。ドリンク用の調整ココアは、本書のおやつでは使いません。

1

寝かせておいしい
バット型ケーキ

HETA-DEMO

寝かせるからおいしい

最初に液体と油をよく混ぜ、粉を加えて混ぜて寝かせます。
そうすることにより、米粉が水分をよく吸って、
時間が経ってもパサつきにくく、しっとりした生地に。
片付けている間、寝ている間においしくなるんです。

HETA-DEMO

あわてずに作れる

生地を寝かせる工程があることで、
「材料を混ぜて、型に流して、急いでオーブンへ……！」と、
あたふた行わなくて大丈夫なようになっています。
生地を寝かせてさえおけば、食べたいときに冷蔵庫から出し、
ベーキングパウダーや重曹を加えて混ぜ、温めたオーブンへ。
とっても気楽で、安心な作り方です。

HETA-DEMO

バット型はオーブンシートで代用できる

P7のようにオーブンシートを折れば、
たとえ家にバット型がなくても、同じくらい
の大きさなので、ほぼ同じ焼き時間で作れます。

朝食にほおばりたい！素朴で幸せな食感

ふわふわ
コーンブレッド

寝かせる生地の基本で、もっともシンプルなレシピ。
ふんわりとふくらんだ生地と、
素朴な甘みが口いっぱいに楽しめます。
プチッとしたコーンミールもおいしい。

調理時間 40分
難易度 ★☆☆

材料（21×14×4cmのバット型1台分）
米粉 —— 75g
コーンミール —— 50g
ベーキングパウダー —— 小さじ1（4g）
重曹 —— 小さじ1/3（1.5g）

A│豆乳ヨーグルト —— 150g
　│はちみつ —— 大さじ2（45g）
　│塩 —— ふたつまみ
ココナッツオイル（溶かしたもの・または好みの植物油）—— 40g

Q.どうしてそんなによく混ぜるのですか？

1
2

3
4

30秒で、できるだけたくさん混ぜて！

オーブンを温めてから混ぜること！

ひと晩寝かせると、さらにおいしい。

1　ボウルにAを入れて混ぜ、
　　はちみつを溶かす。
　　油を加えてさらに混ぜ、乳化させる。

2　コーンミール、米粉の順に加え、
　　なめらかになってつやが出るまでよく混ぜ、
　　冷蔵庫で30分〜ひと晩寝かせる。

3　軽く混ぜて生地をなめらかにしてから
　　ベーキングパウダー、重曹を加え、
　　30秒ほどすばやくしっかり混ぜる。

重曹は指でよくつぶすこと。

4　オーブンシートをしいたバット型に流し込み、
　　台の上に数回打ちつけて軽く空気を抜く。
　　180℃に温めたオーブンで10分、
　　160℃に下げて20分くらい焼く。

竹串か楊枝を刺し、生地がついて
きたら、もう少し焼く。

A. 混ぜ足りないと、ふくらみが悪くなり、苦味や酸味が残るからです。

卵もバターも牛乳も使わずに、バナナだけでおいしくなるレシピ

どっしり
バナナブレッド

つぶしたバナナの粘りと水分で、生地をひとまとめに。翌日食べるときは、表面のバナナが黒くなってしまうのでのせずに焼きます。カットは冷めてから。

調理時間 45分
難易度 ★☆☆

材料（21×14×4cmのバット型1台分）
やや固めのバナナ —— 1本半（皮をむいて正味150g）
レモン汁 —— 大さじ1（15g）
米粉 —— 80g
大豆粉 —— 40g
ベーキングパウダー —— 小さじ1（4g）
重曹 —— 小さじ1/3（1.5g）

A ｜ てんさい糖 —— 30〜40g
　｜ 塩 —— ふたつまみ
　｜ 好みの植物油 —— 40g

豆乳 —— 大さじ1〜3
＊バナナの固さに合わせて調整する。

Q. おすすめの食べ方はありますか？

| | ドロドロの状態になるまで！ | 豆乳は大さじ3以上入れないこと。 |

1　ボウルに　バナナとレモン汁を入れ、フォークでしっかりつぶす。

2　Aを加えて泡立て器でよく混ぜ、乳化させる。

3　大豆粉、米粉の順に加え、なめらかになるまでよく混ぜる。豆乳を加え、生地の固さを調整する。

4　ラップをして10〜20分寝かせる。
> バナナが入っているので、ひと晩寝かせると黒くなる。

5　軽く混ぜて生地をなめらかにしてからベーキングパウダー、重曹を加え、1分ほどすばやくしっかり混ぜる。
> とても重い生地だが、焼くとふんわりする。

6　オーブンシートをしいた型に流し込み、好みでバナナ（分量外）をのせる。170℃に温めたオーブンで10分、160℃に下げて25分〜全体がこんがりするまで焼く。

A．シナモンシュガーをたっぷりふるとおいしいです。

ただ混ぜて寝かせるだけで、しっとり濃厚なチョコケーキ

かんたんブラウニー

焼きたてはふんわり。冷やしてもどんどんしっとりしておいしくなり、翌日のほうが、よりブラウニーらしくなります。よく冷めてからカットしましょう。

調理時間 40分
難易度 ★☆☆

材料（21×14×4cmのバット型1台分）
米粉 —— 75g
アーモンドプードル —— 25g
ココアパウダー —— 25g
ベーキングパウダー —— 小さじ1(4g)

豆腐（絹）—— 150g
A ┃ てんさい糖 —— 40〜50g
  ┃ ラム酒 —— 大さじ1(15g)
  ┃ はちみつ —— 大さじ1(22g)
  ┃ 塩 —— ひとつまみ
ココナッツオイル（溶かしたもの・または好みの植物油）—— 50g

＊ココナッツオイルを使うと、冷めてからずっしり感が出ておいしい。

Q.粉を入れる順番は、守らないとダメですか？

1 ボウルに豆腐を入れ、泡立て器でなめらかになるまで混ぜる。
  泡立て器の先で、よくつぶしましょう。

2 Aを加えてよく混ぜ、油を加えて乳化させる。
  ココナッツオイルを使う場合は、溶かしたものを一気に入れてすばやく混ぜること。

3 ココアパウダー、アーモンドプードル、米粉の順に加え、その都度、なめらかになるまでしっかり混ぜる。

4 ラップをして10分以上冷蔵庫で寝かせる。
  ひと晩寝かせてもよい。

5 軽く混ぜて生地をなめらかにしてからベーキングパウダーを加え、1分ほどすばやくしっかり混ぜる。

6 オーブンシートをしいたバット型に流し込み、170℃に温めたオーブンで10分、160℃に下げて20分焼く。

A.はい。この順番で加えることで、冷めてもパサつかないチョコレート感のある生地になるんです。

かんたんブラウニー（P20）のアレンジ①
ナッツブラウニー

大豆粉を少し入れることによって、生地にずっしり感が増し、ナッツを入れても、くずれることなくきれいな断面に切れます。好みのクリーム（P100〜）を添えれば、うれしいおやつ時間。

調理時間 40分
難易度 ★☆☆

材料（21×14×4cmのバット型1台分）
米粉 —— 60g
アーモンドプードル —— 25g
ココアパウダー —— 25g
大豆粉（またはきな粉）—— 15g
ベーキングパウダー
　　 —— 小さじ1（4g）
豆腐（絹）—— 150g
A｜てんさい糖 —— 40〜50g
　｜ラム酒 —— 大さじ1（15g）
　｜はちみつ —— 大さじ1（22g）
　｜塩 —— ひとつまみ

ココナッツオイル
　（溶かしたもの・
　 または好みの植物油）
　 —— 50g
くるみ（ローストして刻む）
　 —— 50g
カカオニブ
　（またはインスタント
　 コーヒー）
　 —— 適量

1　ボウルに豆腐を入れ、泡立て器でなめらかになるまで混ぜる。Aを加えてよく混ぜ、さらに油を加えて乳化させる。
2　ココアパウダー、アーモンドプードル、大豆粉、米粉の順に加え、その都度、なめらかになるまでしっかり混ぜ、ラップをして10分以上冷蔵庫で寝かせる。ひと晩寝かせてもよい。
3　ベーキングパウダーを加え、1分ほどすばやくしっかり混ぜる。くるみ（トッピング用に少し取っておく）を加えてさっと混ぜ、オーブンシートをしいたバット型に流し込み、くるみ、カカオニブを散らす。
4　170℃に温めたオーブンで10分、160℃に下げて20分焼く。

Q.大豆粉もきな粉もありません。

かんたんブラウニー(P20)のアレンジ②
へたザッハトルテ

ウィーン発祥のチョコレートケーキの王様。
ブラウニーに酸味のあるジャムをはさみ、コーティングするだけで、
へたっぴでも自慢できるスイーツが作れます。

材料(21×14×4cmのバット型1台分)
かんたんブラウニー(P20) —— 全量
あんずジャム(またはマーマレード) —— 適量
寒天グラッサージュ(P106) —— 全量
＊生チョコフィリング(P86)をかけてもおいしい
(夏は溶ける)。

1 ブラウニーは横半分にスライスし、
断面にジャムをたっぷりのせ、
もう片面ではさむ。

2 寒天グラッサージュを作り、
熱いうちに上からかける。
冷めて固まったら、でき上がり。

> グラッサージュのかけ方は、1台丸ごとでも、
> 1人分ずつ切り分けてからでもよい。

調理時間 15分(ブラウニーを作る時間は除く)
難易度 ★☆☆

A.大豆粉をなくし、米粉を75gに増やしてください。

23

りんごから出る「ジュース」で焼き上げる ふわっと&しっとりしたケーキ

りんごと バナナのケーキ

2つの果物のおいしさが一体になった、ふわっと軽い仕上がりのケーキ。バナナの粘りでまとめた生地に、りんごを余すところなく活用します。

調理時間 60分
難易度 ★★☆

材料（21×14×4cmのバット型1台分）
りんご —— 1個（皮・芯を除いて正味200g）
バナナ —— 1本（皮をむいて正味100g）
レモン汁 —— 小さじ1（5g）
米粉 —— 75g

A | てんさい糖 —— 40～50g
　| レモン汁 —— 小さじ2（10g）
　| 塩 —— ひとつまみ

B | 豆乳 —— 50g
　| 好みの植物油 —— 50g

C | コーンスターチ —— 50g
　| ベーキングパウダー —— 小さじ1（4g）
　| 重曹 —— 小さじ1/3（1.5g）

Q. おすすめのりんごはありますか？

てんさい糖が溶けるように、時々全体を混ぜること。

1 りんごはくし形に切ってボウルに入れ、Aを加えてまぶす。

2 ボウルにバナナとレモン汁を入れ、フォークでつぶす。ある程度つぶれたら、泡立て器に変えてさらにつぶし、なめらかにする。Bも加えてよく混ぜ、乳化させる。

3 米粉を加えてなめらかになるまでよく混ぜ、1、2をそれぞれラップをし、りんごのてんさい糖が溶けるまで寝かせる。

4 小さな器にCを入れ、混ぜておく。

5 りんごをざるに上げ、出た水分を生地のボウルに加えて混ぜる。さらに4を加え、すばやくしっかり混ぜる。

6 オーブンシートをしいた型に流し込み、りんごをのせ、170℃に温めたオーブンで45分〜全体がこんがりするまで焼く。

A. てんさい糖をまぶして水分を出して使うので、どんなりんごでもおいしくできます。

ひっくり返したときに歓声が上がる王道のりんごおやつ

キャラメルりんごケーキ

りんごの甘みがギュッと凝縮し、
ほんのりビターなキャラメルりんごがおいしい一品。
りんごを並べるときは隙間を作らないことがポイント。
ヨーグルトホイップクリーム（P102）と合います。

調理時間 60分
難易度 ★★☆

材料（21×14×4cmのバット型1台分）

A | 米粉 —— 80g
　| アーモンドプードル —— 20g
　| シナモンパウダー —— 小さじ1/2
ベーキングパウダー —— 小さじ1（4g）
重曹 —— ふたつまみ

B | 豆乳 —— 50g
　| てんさい糖 —— 30g
　| 塩 —— 少々
　| レモン汁 —— 小さじ2（10g）
好みの植物油 —— 35g

［キャラメルりんご］
りんご —— 小2個（皮・芯を除いて正味300〜400g）
レモン汁 —— 小さじ1（5g）
てんさい糖 —— 45g〜（りんごの重量の15%）
好みの植物油 —— 大さじ1

Q.ケーキ生地が固めで、混ぜにくかったのですが……。

1 [キャラメルりんご]を作る。りんごはくし形に切ってボウルに入れ、レモン汁をからめる。

2 鍋にてんさい糖と水大さじ1（分量外）を入れて中火にかけて焦がし、キャラメル色になったら火を止め、さらに水大さじ1（分量外）を加える。

3 1と油を加えて混ぜ、中火にかける。時々混ぜながら、8〜10分ほど加熱して水分を飛ばす。

4 オーブンシートをしいたバット型に、隙間なく並べる。鍋に残った煮汁も入れ、冷ましておく。

5 ボウルにBを入れて混ぜ、てんさい糖を溶かし、油を加えて乳化させる。Aを加えてよく混ぜ、10分以上寝かせる。

6 ベーキングパウダーと重曹を加えてすばやく混ぜ、生地を流し込んで平らにならす。170℃に温めたオーブンで30分焼く。

A.はい。りんごの水分を吸ってちょうどよくなるので、頑張って混ぜましょう。

HETA-OYATSU

2

型抜きしない
きほんのクッキー

HETA-DEMO

バターを使わないからかんたん

バターを室温に戻してやわらかくしたり、
かくはんする必要がなく、サクホロ＆濃厚な
味わいのクッキーが作れます。
油をしっかり乳化させてから、
粉類を混ぜることがポイント。

HETA-DEMO

型抜きが不要

グルテンができないから、ほんんどのレシピが手だけで成形できます。
生地を分割したら、軽く丸めて手のひらや指でつぶすだけ。
また天板に広げて、食べるときに割るクッキーも。
見た目に気を使いすぎる必要がありません。

ほんのりと水分を残し、ふわっ、サクッとした食べごこち

バナナの ソフトクッキー

バナナをつぶして、材料を混ぜればかんたん。
焼きたてのアツアツをほおばっても、
少し冷めてもしっとりとおいしい。
ラフな気分で作れる初心者クッキーです。

調理時間 30分
難易度 ★☆☆

材料（大6枚分）

A | 大豆粉 — 50g
　| コーンスターチ — 25g
　| ベーキングパウダー — 小さじ1 (4g)
　| 重曹 ふたつまみ

バナナ — 1/2本（皮をむいて正味50g）
B | レモン汁 — 小さじ1 (5g)
　| てんさい糖 — 20〜30g
　| 塩 — ひとつまみ
好みの植物油 — 40g
板チョコレート（乳製品不使用）— 適量（またはキャロブチップ、カカオニブ）

Q.チョコレート以外はどんなものがおすすめですか？

1 ボウルにAを入れ、泡立て器でよく混ぜておく。

2 別の大きめのボウルにバナナを入れ、フォークでしっかりつぶす。

3 Bを加えてよく混ぜ、油を加えて乳化させる。

4 1を加え、ヘラでよく混ぜる。

5 すぐに6等分にして、オーブンシートをしいた天板にのせ、軽く丸めてから手でつぶす。砕いたチョコレートをのせる。

6 160℃に温めたオーブンで10分、150℃に下げて10分〜サクッとするまで焼く。網の上にのせて、冷ます。

A. P59の[オレンジマリネ]を加えたり、ナッツやドライフルーツもおいしいですよ。

バナナのソフトクッキー（P30）のアレンジ①

マカダミアオレンジクッキー

バナナの代わりに、マーマレードで生地をつなぎます。
オレンジの香りが、さわやかな後味に。
マカダミアナッツの相性も抜群です。

材料（大6枚分）
A | 大豆粉 —— 50g
　| コーンスターチ —— 25g
　| ベーキングパウダー —— 小さじ1（4g）
　| 重曹 —— ふたつまみ
B | 豆腐（絹） —— 25g
　| マーマレード —— 30g
　| レモン汁 —— 小さじ1（5g）
　| てんさい糖 —— 20g
　| 塩 —— ひとつまみ
好みの植物油 —— 40g
マカダミアナッツ —— 適量

1　ボウルにAを入れ、泡立て器でよく混ぜておく。
2　別の大きめのボウルに豆腐を入れてつぶし、
　　残りのBを加えてよく混ぜ、油を加えて乳化させる。
3　1を加え、ヘラでよく混ぜる。
4　6等分にして、オーブンシートをしいた天板にのせ、
　　軽く丸めてから手でつぶす。
　　マカダミアナッツをのせ、160℃に温めたオーブンで10分、
　　150℃に下げて10分〜サクッとするまで焼く。
　　網の上にのせて、冷ます。

調理時間　難易度
★30分
☆
☆

Q.大豆粉を入れると、苦いんですが……。

バナナのソフトクッキー（P30）のアレンジ②
コーヒーソフトクッキー

ちょっぴりビターなコーヒーが大人味。
ココナッツのほか、オートミールをのせても
ザクザク感がアップしておいしい！

材料（大6枚分）
A | 大豆粉 —— 50g
　| コーンスターチ —— 25g
　| ベーキングパウダー —— 小さじ1（4g）
　| 重曹 —— ふたつまみ
バナナ —— 1/2本（皮をむいて正味50g）
B | レモン汁 —— 小さじ1（5g）
　| てんさい糖 —— 30g
　| インスタントコーヒー —— 2g
　| 塩 —— ひとつまみ
好みの植物油 —— 40g
ココナッツロング —— 適量

1　ボウルにAを入れ、泡立て器でよく混ぜておく。
2　別の大きめのボウルにバナナを入れてフォークでつぶし、
　　Bを加えてよく混ぜ、
　　油を加えて乳化させる。
3　1を加えてヘラでよく混ぜる。
4　6等分にして、オーブンシートをしいた天板にのせ、軽く
　　丸めてから手でつぶす。ココナッツロングをのせ、160℃
　　に温めたオーブンで10分、150℃に下げて10分〜サクッ
　　とするまで焼く。網の上にのせて、冷ます。

調理時間　30分
難易度　★☆☆

A. 大豆粉を選ぶときは、大豆特有の臭みを取り除いたものを！

33

天板にラフに広げて焼き、みんなで割りながら食べる！

オートミール
ワイルドクッキー

作る工程がかんたんで楽しいので、家族や友人と作ってみてください。砕いたオートミールが主役となって、ザクッとした食感がおいしい。

調理時間 35分
難易度 ★☆☆

材料（天板1枚分）
オートミール —— 60g
A｜米粉 —— 40g
　｜白いりごま —— 20g
　｜塩 —— ひとつまみ
好みの植物油 —— 40g
メープルシロップ —— 40g
レーズン —— 20g

Q.メープルシロップ以外で代用できますか？

握りつぶすように！

1

2

3

4

5

厚さは自由なので、焼き加減に気をつけて。

1 ボウルにオートミールを入れ、手で細かく砕く。

2 Aを加え、ヘラでよく混ぜる。

3 油を加え、ポロポロのフレーク状になるまで混ぜる。

油が全体に行き渡るまで。

4 メープルシロップを加えて混ぜ、ひとまとめにする。レーズンを加えてさっと混ぜる。

5 オーブンシートの上にのせてラップをし、めん棒で好みの厚さにのばす。天板にのせ、160℃に温めたオーブンで25〜30分、サクッとするまで焼く。

A. てんさい糖25gを湯15gで溶かし、冷ましたものでもできます。はちみつは焦げやすいので、このクッキーにはNG。

寝かせた生地がおいしさの秘密。
見た目にもかわいい正統派

ジャムクッキー

バターを使わずに、しっとりサクサク。
好みのおいしいジャムを詰めて、
色とりどりに作りましょう。

調理時間 30分
難易度 ★☆☆

材料（12個分）
A│米粉 —— 25g
　│大豆粉 —— 25g
　│アーモンドプードル —— 25g

B│豆腐（絹）—— 20g
　│てんさい糖 —— 20g
　│バニラパウダー（またはシナモンパウダーなど）—— 少々
　│塩 —— 少々
ココナッツオイル（溶かしたもの）—— 40g

ラズベリージャム
（P107・または好みのもの）—— 適量

Q.ココナッツオイルがありません。他の植物油でもできますか？

豆腐がダマになっていないか、確認しましょう。

1　大きめのボウルにAを入れ、泡立て器でよく混ぜておく。

2　別の小さなボウルにBを入れ、豆腐をつぶす。てんさい糖も溶け、なめらかになるまでよく混ぜる。

3　ココナッツオイルを加えてさらに混ぜ、冷蔵庫で冷やし、固まりかけたらよく混ぜて乳化させる。

4　1に3を加え、ポロポロになるまでよく混ぜる。

5　ひとまとめにしてラップに包み、冷蔵庫で10〜20分冷やす。

冷やしすぎると、カチカチになって丸めにくくなるので注意。

6　生地を12等分にして丸め、平らにつぶし、真ん中にくぼみを付ける。スプーンでジャムを入れ、150℃に温めたオーブンで20分ほど焼く。

A．できます。その場合、粉寒天2gをBに加え、植物油は少しずつ加えて乳化させます。

外はカリッ、中はホロッ
ふたつの食感がたまらないおいしさ

チョコレート
クリンクル

ひびやしわが入ってもおいしそうに見える
まさに、へたおやつ的存在です。
表面と中身の食感の違いを楽しめる、
しみじみおいしいソフトなクッキー。

調理時間 30分
難易度 ★☆☆

材料（16個分）

A | 米粉 —— 60g
　| 片栗粉 —— 30g
　| ココアパウダー —— 10g
　| ベーキングパウダー —— 小さじ1（4g）
　| 重曹 —— ふたつまみ

B | ピーナッツペースト —— 30g
　| 豆乳 —— 30g
　| てんさい糖 —— 35g
　| ラム酒 —— 小さじ1（5g）
　| 塩 —— ひとつまみ

ココナッツオイル（溶かしたもの）—— 50g
ココナッツミルクパウダー —— 適量

Q.ココナッツミルクパウダーがありません。

1 ボウルにAを入れ、泡立て器でさっと混ぜる。別の小さなボウルにBを入れて混ぜ、てんさい糖を溶かす。ココナッツオイルを加えてさらに混ぜ、乳化させる。

2 1のAにBを加えて混ぜ、ヘラで生地をひとまとめにする。

3 ラップに包み、冷蔵庫で20分以上冷やす。スケッパーで生地を16等分にする。

4 ひとつずつ手のひらで丸め、ココナッツミルクパウダーをたっぷりまぶし付け、オーブンシートをしいた天板にのせる。150℃に温めたオーブンで20分焼く。

A. てんさい糖と片栗粉を3:1で混ぜたもので、代用してください。

おいものなめらかな食感と甘みを
クッキーに閉じ込めて

スイートポテト
クッキー

さつまいもの水分を飛ばし、
粉の代わりに使うレシピ。
シンプルな工程なので、丸めるときに
お子さんと一緒に作るのもおすすめです。

調理時間 — 45分
難易度 — ★☆☆

材料（12個分）

- さつまいも — 100g（皮をむいて正味）
- A
  - てんさい糖 — 20g
  - 塩 — 少々
  - 好みの植物油 — 30g
- B
  - アーモンドプードル — 30g
  - コーンスターチ — 15g
  - ベーキングパウダー — 小さじ1(4g)
- 黒いりごま — 適量

Q. かぼちゃでも同じように作れたりするのでしょうか？

1 さつまいもは小さく切って小鍋に入れ、竹串がスッと通るまでゆでる（ゆですぎないこと）。湯を捨てて木ベラでつぶし、弱火にかけて水分を飛ばしてポロポロにする。

2 ボウルに入れ、Aを加えてヘラでつぶしながらよく混ぜ、冷ましておく。

3 Bを加えて混ぜ、ひとまとめにする。

4 12等分にし、オーブンシートをしいた天板にのせ、かるく丸めてから手でつぶす。黒ごまをのせ、160℃に温めたオーブンで20〜25分焼く。

A.水分の少ないかぼちゃならできます。

バターがなくてもリッチ。
ホロッと口どけのよい食感

濃厚ショートブレッド

しっかりとコクのある、
ぜいたくなおいしさのクッキー。
材料もシンプルなので、
繰り返し作りたくなります。

調理時間 35分
難易度 ★☆☆

材料（12個分）
A | 米粉 ── 60g
　| アーモンドプードル ── 30g
　| てんさい糖 ── 20g
　| ベーキングパウダー ── 小さじ1/2（2g）
　| 塩 ── ひとつまみ

ココナッツオイル（溶かしたもの）── 50g
豆乳 ── 小さじ2（10g）

Q．生地を冷凍しても大丈夫？

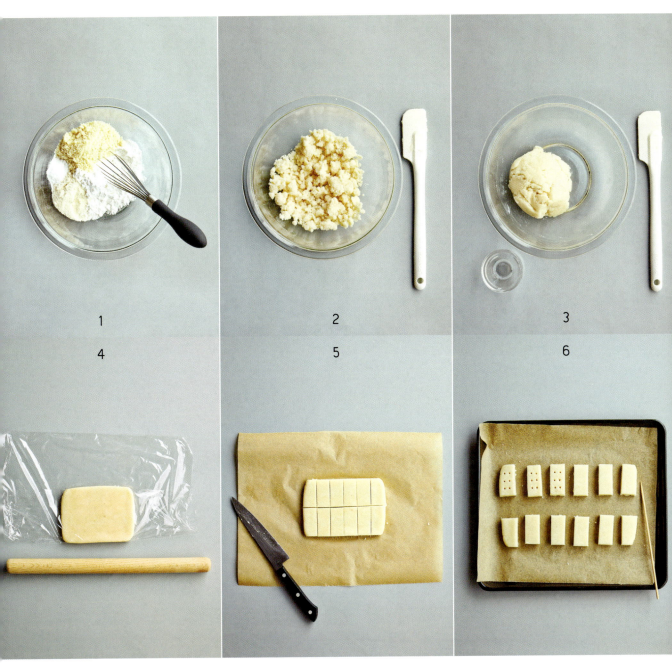

1 ボウルにAを入れ、泡立て器でさっと混ぜる。

2 ココナッツオイルを加え、ポロポロのフレーク状になるまで、ヘラでよく混ぜる。

3 豆乳を加え、ひとまとめにする。

4 ラップに包んで四角くまとめ、めん棒で7〜8mm厚さにする。冷蔵庫で20分以上冷やす。

5 オーブンシートにのせ、包丁で12等分に切る。

6 天板にのせて竹串で穴を開け、150℃に温めたオーブンで20〜25分焼く。

A.大丈夫です。少し室温に戻してから、カットして焼いてください。

濃厚ショートブレッド（P42）のアレンジ①

紅茶のショートブレッド

アールグレイがふわっと香るうれしいおやつ。
オイルが溶けやすいので、寒い時期に作るのがおすすめ。
クリスマスシーズンにぴったりです。

材料（直径15cm1台分）
A | 米粉 ── 60g
　| アーモンドプードル ── 30g
　| てんさい糖 ── 20g
　| ベーキングパウダー ── 小さじ1/2(2g)
　| 塩 ── ひとつまみ
　| 紅茶葉（アールグレイ） ── 2パック分(4g)
ココナッツオイル（溶かしたもの） ── 50g
豆乳 ── 小さじ2(10g)
ココナッツミルクパウダー
　（またはてんさい糖と片栗粉を
　　3：1で混ぜたもの） ── 適量

1　ボウルにAを入れ、泡立て器でさっと混ぜる。ココナッツオイルを入れ、ポロポロのフレーク状になるまで、ヘラでよく混ぜる。豆乳を加えてまとめラップに包み、冷蔵庫で10〜20分冷やす。

2　オーブンシートにのせてラップをし、めん棒で直径15cmくらいの円にのばす。

3　ふちを指でつまんで、フリル状にする。包丁で切り込みを入れ、全体に竹串かフォークで穴を開ける。

4　天板にのせ、150℃に温めたオーブンで20分〜サクッとするまで焼く。熱いうちに切り込みをなぞってカットする。粗熱が取れたら、ココナッツミルクパウダーをふる。

調理時間 35分
難易度 ★★☆

Q.この形じゃないとダメですか？

濃厚ショートブレッド（P42）のアレンジ②

チョコのショートブレッド

大人も子どもも大好きなココアを堪能できるクッキー。
ヨーグルトホイップクリーム（P102）や
ラズベリーソース（P107）を添えてデザートに。

材料（8枚分）
A | 米粉 —— 50g
　| アーモンドプードル —— 30g
　| ココアパウダー —— 10g
　| てんさい糖 —— 25g
　| ベーキングパウダー —— 小さじ1/2（2g）
　| 塩 —— ひとつまみ
ココナッツオイル（溶かしたもの）—— 50g
豆乳 —— 小さじ2（10g）

1. ボウルにAを入れ、泡立て器でさっと混ぜる。ココナッツオイルを加え、ボロボロのフレーク状になるまで、ヘラでよく混ぜる。豆乳を加えてまとめラップに包み、冷蔵庫で10〜20分冷やす。
2. オーブンシートにのせてラップをし、めん棒で4mmくらいの厚さにのばす。
3. 包丁で切り込みを入れ、全体に竹串で穴を開ける。
4. 天板にのせ、150℃に温めたオーブンで20分〜サクッとするまで焼く。熱いうちに切り込みをなぞってカットする。

調理時間 35分
難易度 ★★☆

A.P42の濃厚ショートブレッドのように、冷やしてカットするだけでもいいです。

おいしさが重なり合う！
好きなドライフルーツをはさんで

いちじく
クッキーサンド

バット型にクッキー生地をしき詰め、
いちじくをぎっしりはさんで焼き上げます。
このねっちりとしたおいしさだけは、他では出せません。
細長いバー状に切って焼いてもおしゃれです。

調理時間 45分
難易度 ★☆☆

材料（21×14×4cmのバット型1台分）

[クッキー生地]
A｜米粉 —— 70g
　｜コーンスターチ —— 30g
　｜シナモンパウダー —— 小さじ1/2（なくてもよい）
　｜重曹 —— 小さじ1/3（1.5g）

B｜豆腐（絹）—— 40g
　｜てんさい糖 —— 20g
　｜粉寒天 —— 小さじ1（2g）
　｜塩 —— ひとつまみ

ココナッツオイル
（または好みの植物油）—— 50g

いちじく（ドライ）—— 100g
白ワイン —— 大さじ2（30g）

*レーズンやパイナップル、あんずで
作ってもおいしい。

Q.いちじくを漬けるときに白ワインを使うから、子どもは食べられないですか？

1	いちじく、白ワインを空き瓶に入れ、ひと晩以上置く。 時々ひっくり返すこと。	2	［クッキー生地］を作る。ボウルにAを入れ、泡立て器でよく混ぜる。	3	別のボウルにBを入れ、てんさい糖が溶け、豆腐がなめらかになるまで混ぜる。油を加えてさらに混ぜ、乳化させる。
4	2に3を入れ、ポロポロのフレーク状になるまでヘラでよく混ぜる。オーブンシートをしいたバット型に生地の半量を入れ、指でギュッと押し固めながらしき詰める。	5	1を細かく刻んでのせ、残りの生地を上からのせて指で押し固め、冷蔵庫で20分以上寝かせる。 ひと晩寝かせてもよい。	6	バット型から取り出し、包丁で切り込みを入れる。切り離さず天板にのせ、160℃に温めたオーブンで25分焼く。 離して焼くと、側面からいちじくが出てしまうので注意。

A.焼くとアルコールが飛ぶので、大丈夫です。気になる人はりんごジュースで！

ナッツ好きをうならせる
もっとも濃い〜クッキー

キャラメルナッツ
クッキーサンド

焼き菓子で人気の素材が集まった、
つい手がのびる魅惑のおいしさです！
チャイやミルクティーと一緒にどうぞ。
手土産にしても喜ばれます。

調理時間 — 45分
難易度 — ★★☆

材料（21×14×4cmのバット型1台分）
クッキー生地（P46） — 全量
好みのナッツ（ロースト） — 60g

A｜メープルシロップ — 35g
　｜豆乳 — 35g
　｜てんさい粉 — 35g
　｜ココナッツオイル（溶かしたもの） — 35g
　｜ココアパウダー（またはシナモンパウダー） — 小さじ1
　｜塩 — 少々

Q. P46と違い、生地をカットせずに焼くのはなぜ？

少しゆるいが、冷めると固まる。

1 オーブンシートをしいたバット型に［クッキー生地］の半量を入れ、指で押しながらしき詰め、冷凍庫に入れて冷やしておく。

2 小鍋にAを入れて中火にかけ、沸騰したら4〜5分、時々かき混ぜながら、泡が大きくなってとろみがつくまで煮詰める。

3 火を止め、ナッツを一度に加えて、さっと混ぜる。

4 1に広げて粗熱を取り、残りの［クッキー生地］をのせて指で押し固め、冷蔵庫で20分以上寝かせる。160℃に温めたオーブンで25分焼く。粗熱が取れたら切る。

A.焼いてからのほうが、キャラメルが固まってカットしやすいためです。

番外編

材料の準備
完成→P52-53

レモン汁　ベーキングパウダー　重曹

米粉

大豆粉

豆乳　はちみつ　塩　植物油

へた シュークリーム

小麦粉も卵も乳製品もなし。しかもかんたんに作れる、おやつの大スターのレシピが完成しました。
P100～のクリームをたっぷりはさみ、みんなをワッと驚かせましょう！

調理時間 ★25分
難易度 ★☆

材料（シュー皮4個分）
米粉 ―― 30g
大豆粉 ―― 10g
A｜豆乳 ―― 40g
　｜はちみつ ―― 10g
　｜塩 ―― ひとつまみ
　｜好みの植物油 ―― 20g

B｜米粉 ―― 10g
　｜ベーキングパウダー ―― 小さじ1/2(2g)
　｜重曹 ―― 小さじ1/4(1g)

レモン汁 ―― 10g

Q.成功の秘訣はありますか？

重曹は指でよくつぶすこと。

大豆粉に水分を吸わせるのがポイント。

オーブンを温めてから混ぜること！

形にはこだわらずに急いで！

1　小さな容器にBを入れ、よく混ぜておく。

2　Aをボウルに入れてよく混ぜ、油を乳化させる。

3　大豆粉を加え、ダマがなくなるまでよく混ぜる。

4　米粉を加え、なめらかになるまで混ぜる。

5　4に1を加え、なめらかになるまでよく混ぜ、レモン汁を加えて30秒ほどすばやくしっかり混ぜる。

6　オーブンシートをしいた天板にスプーンで4等分にのせ、170℃に温めたオーブンで15分〜きれいな焼き色がつくまで焼く。

A.オーブンに入れたら、途中で開け閉めしないことです。

上手に作るヒント

○空洞ができません。
◎はい。へたシュークリームはぺったんこが完成なんです。キッチンバサミで切り込みを入れ、そーっと皮をはがしてください。ぺったんこのものにクリームをたっぷりはさんで楽しむおやつです。

○表面が割れずに、つるんと焼けてしまいました。
◎作業を急ぎ、一度天板に置いた生地は触らないこと。気泡をつぶすと膨らまなくなってしまいます。つるんとしてしまった皮は、クリームをはさんでブッセのようにするのがおすすめ。

○8個作りたいのですが、材料を2倍にすればいいんですよね!?
◎いいえ。4個×2回に分けて作ってください。なぜなら、天板に生地を8個置いている間に反応が終わってしまうから。レモン汁を入れたら、急いでオーブンに入れることが大切なんです。

Q.作るときの注意点はありますか？

そこにあるだけで幸せ。
みんなが笑顔になるおやつ

○表面がまだらになってしまいました。苦味もあります……。
◎混ぜたりません。特に最後の30秒間が混ぜたりないと、重曹の溶け残りが出て苦味が残り、色も茶色くなってしまいます。素早く、かつ、しっかりぐるぐる混ぜてください。

○きれいな丸になりません。
◎まずスプーンで4か所に生地をポトポト落とし、残りの生地をその上に小さく、なるべく高くのせていくようにすると、自然と丸くなります。

○おすすめのクリームは？
◎へたチョコクリーム（P104）やヨーグルトホイップクリーム（P102）、カスタードクリーム（P103）がおいしい。また、フルーツをのせたり、寒天グラッサージュ（P106）をかけても素敵ですよ。

A.クリームは前日など事前に作って冷やしておき、食べるときに皮を焼いてはさむとよいでしょう。

HETA-OYATSU

3

かんたんかわいい
カップのおやつ

HETA-DEMO

食べるときに分けやすい

小分けしたカップで作るから、
熱通りもよく手軽です。
さらに食べるときに人数分に分けやすく、
切り分ける手間がかからないのが
魅力のおやつです。

HETA-DEMO

1種のカップでいろいろ作れる

陶器やシリコンなど、
何個かカップを用意しておけば、
ケーキや蒸しパン、冷たいデザートも、
思いのまま作ることができます。

卵を使わなくてもふんわり。
焼きたてを食べたいおうちおやつ

ふわふわ カップケーキ

カステラのように、ふわっ&しっとり。
シンプルだから、何度も食べたくなる味です。
マフィンと違って羽はできませんが、
クリームをのせやすいのが魅力。

調理時間 35分
難易度 ★☆☆

材料（カップ6個分）
米粉 —— 100g
A | アーモンドプードル —— 25g
　| ベーキングパウダー —— 小さじ1（4g）
　| 重曹 —— 小さじ1/4（1g）
B | 豆乳ヨーグルト —— 120g
　| てんさい糖 —— 40g
　| 塩 —— ひとつまみ
好みの植物油 —— 40g

Q.豆乳ヨーグルトを買うのを忘れました。

1 小さな器にAを入れ、よく混ぜておく。

2 ボウルにBを入れて混ぜ、てんさい糖を溶かす。

3 油を加えて混ぜ、乳化させる。

4 米粉を加えてよく混ぜる。

5 1を加えて30秒ほどすばやくしっかり混ぜ、グラシンケースをしいたカップに流し込む。

6 170℃に温めたオーブンで10分、160℃に下げて15分焼く。カップから取り出し、網の上にのせて冷ます。

冷めるとふんわりする。

A.豆乳100g＋レモン汁15gで代用できます（まったく同じにはなりません）。

ふわふわカップケーキ(P56)のアレンジ①
へたチョコカップケーキ

みんな大好きな、チョコ味のふわふわ生地。
スプーンでクリームをのせていちごを置けば、一気に華やかなテーブルになります。
小さなお子さんのお誕生日やお祝いの日にいかがですか？

材料(カップ6個分)
米粉 —— 85g
ココアパウダー —— 15g
A │ アーモンドプードル —— 25g
　│ ベーキングパウダー —— 小さじ1(4g)
　│ 重曹 —— 小さじ1/4(1g)
B │ 豆乳ヨーグルト —— 120g
　│ てんさい糖 —— 45g
　│ 塩 —— ひとつまみ
好みの植物油 —— 40g

1　小さな器にAを入れ、よく混ぜておく。
2　ボウルにBを入れて混ぜ、てんさい糖を溶かす。
　　油を加えて混ぜ、乳化させる。
3　ココアパウダー、米粉の順に加えてよく混ぜ、
　　1を加えて30秒ほどすばやくしっかり混ぜる。
4　グラシンケースをしいたカップに流し込み、
　　170℃に温めたオーブンで10分、160℃に下げて15分焼く。
　　粗熱が取れたら、カップから取り出す。

調理時間 35分
難易度 ★☆☆

Q. 今日カップケーキを焼いておいて、明日クリームをのせてもいいですか？

調理時間 40分
難易度 ★★☆

ふわふわカップケーキ（P56）のアレンジ②
オレンジカップケーキ

さわやかなオレンジがさっぱりおいしい。
刻んで生地に混ぜ、スライスを表面にのせておめかしを。
余ったオレンジマリネは、他のおやつに混ぜたりのせても！

材料（カップ6個分）
米粉 —— 100g
A ｜ アーモンドプードル —— 25g
　｜ ベーキングパウダー —— 小さじ1（4g）
　｜ 重曹 —— 小さじ1/4g（1g）
B ｜ 豆乳ヨーグルト —— 100g
　｜ てんさい糖 —— 40g
　｜ 塩 —— ひとつまみ
好みの植物油 —— 40g
［オレンジマリネ］
オレンジ —— 150g（1個）
てんさい糖 —— 30g（オレンジの重量の20%）

1　［オレンジマリネ］を作る。オレンジはスライスし、てんさい糖をまぶす。てんさい糖が溶け、水分が出るまで置き、40gを刻んでおく。
2　小さな器にAを入れ、よく混ぜておく。
3　ボウルにBと［オレンジマリネ］の液大さじ1を入れて混ぜ、てんさい糖を溶かす。油を加えて混ぜ、乳化させる。
4　米粉を加えてよく混ぜ、刻んだオレンジマリネを加えて混ぜる。2を加えて30秒ほどすばやくしっかり混ぜる。
5　グラシンケースをしいたカップに流し込み、オレンジマリネをのせる。170℃に温めたオーブンで10分、160℃に下げて20分焼く。粗熱が取れたら、カップから取り出す。好みでピスタチオ（分量外）をのせる。

A.ケーキが焼き上がったら粗熱を取って、ほんのり温かいうちにポリ袋に入れておくと次の日でもパサつきません。

「水」で作れる！
きめ細かな、もちふわ食感

へた蒸しパン

生地をしっかり寝かせて、
米粉に水を吸わせることがポイント。
冷めてもふわっとやわらかく、
固くならないかんたんレシピです。

調理時間 20分
難易度 ★☆☆

材料（カップ4個分）

A | 米粉 —— 90g
　| コーンスターチ —— 10g
　| 水 —— 120g
　| てんさい糖 —— 20g
　| 塩 —— ひとつまみ

好みの植物油 —— 20g
ベーキングパウダー —— 小さじ1（4g）

Q.家に蒸し器がないのですが、どうしたらいいですか……？

1 ボウルにAを入れ、なめらかになるまでよく混ぜ、油も加えて乳化させる。

ここでバニラパウダー、シナモンパウダーを入れてもおいしい！

2 ラップをして、冷蔵庫で30分以上寝かせる。

ひと晩寝かせると、さらにおいしい。

3 ベーキングパウダーを加え、1分ほどすばやくしっかり混ぜる。

4 カップに流し込み、蒸気の立った蒸し器に入れ、強火で12分蒸す。

A. 大きい鍋かフライパンにカップが2cm浸かる水を入れて沸騰させ、ふきんで包んだふたをすれば蒸せます。

へた蒸しパン（P60）のアレンジ①
りんご蒸しパン

りんごから出た水分で蒸し上げるから、
やさしい甘さが生地に行き渡ります。
みんながホッとするおいしさ。

材料（カップ5個分）
りんご —— 1/2個（芯を抜いて正味100〜120g）
A | はちみつ —— 大さじ2（45g）
　| 塩 —— ひとつまみ
米粉 —— 90g
豆乳（または水）—— 50g
好みの植物油 —— 大さじ2（25g）
B | コーンスターチ —— 10g
　| ベーキングパウダー —— 小さじ1（4g）

1　りんごは1cmの角切りにして大きめのボウルに入れ、
　　Aを加えてからめ、水分がしっかり出るまで
　　15分以上置き、りんごを取り出しておく。
2　小さな容器にBを入れ、泡立て器でよく混ぜておく。
3　1のボウルに豆乳と米粉を加えてよく混ぜ、
　　油を加えて乳化させる。
4　Bを加え、1分ほどすばやくしっかり混ぜる。
　　カップに流し込んで1のりんごをのせ、
　　蒸気の立った蒸し器に入れ、強火で13分蒸す。

調理時間　25分
難易度　★☆☆

Q. さつまいもをもっと大きく切って蒸したいです。

へた蒸しパン（P60）のアレンジ②

さつまいも抹茶蒸しパン

ふかふかした生地に、さつまいものほっくり感。
一緒に蒸すから手間いらず。
ボウルのまま蒸してもおいしいです。

調理時間 25分
難易度 ★☆☆

材料（カップ5個分）
さつまいも —— 100g（皮をむいて正味）
A｜米粉 —— 90g
　｜コーンスターチ —— 10g
　｜水 —— 100g
　｜てんさい糖 —— 30g
　｜塩 —— ひとつまみ
B｜抹茶 —— 小さじ1（2g）
　｜好みの植物油 —— 大さじ2（25g）
ベーキングパウダー —— 小さじ1強（5g）

1. ボウルにAを入れ、なめらかになるまでよく混ぜ、ラップをして、冷蔵庫で30分以上寝かせる。
2. さつまいもは5mmの角切りにして10分ほど水にさらしておく。
3. 小さな器にBを入れ、ダマがなくなるまで混ぜ、1に加えてよく混ぜる。ベーキングパウダーを加え、1分ほどすばやくしっかり混ぜる。
4. カップに流し込んで水けをきった2を入れ、蒸気の立った蒸し器に入れ、強火で14分蒸す。

A. P67のように、ボウルのまま35分蒸しましょう。蒸し時間が長いので、大きなさつまいもホクホクに！

しっとりスフレのようにやわらかな、口あたりの軽い人気者

チーズ蒸しパン

これまた乳製品を使わずに作れる、
お店に売っているみたいな蒸しケーキ。
かぼちゃパウダーでほんのり黄色く仕上げるのが、
おいしそうに見せるコツです。

調理時間 25分
難易度 ★☆☆

材料（カップ6個分）

A
- 米粉 —— 60g
- コーンスターチ —— 20g
- アーモンドプードル —— 20g
- かぼちゃパウダー —— 5g

B
- 豆乳ヨーグルト —— 120g
- 白みそ —— 15g
- てんさい糖 —— 30g
- 好みの植物油 —— 30g
- バニラパウダー —— 少々（またはバニラエキストラクト小さじ1）

ベーキングパウダー —— 小さじ1（4g）

Q. 焼き色を付けるときの注意点は？

1　Bをボウルに入れ、泡立て器でよく混ぜ、油を乳化させる。

2　Aを加え、なめらかになるまでよく混ぜる。

3　ベーキングパウダーを加え、1分ほどすばやくしっかり混ぜる。グラシンケースをしいたカップに流し込み、蒸気の立った蒸し器に入れ、強火で12分蒸す。

4　蒸し上がった表面に油（分量外）を薄くぬる。フォークの先を20秒くらい火で温め、表面に当てて焼き色をつけるとかわいい。
熱いので、軍手をすること。

油をぬると、生地がフォークにくっつかない。

A.フォークが黒くなるので、使っていない古いものを！

一度食べたらやみつきに！
コクと甘みがしっかりの蒸しパン

マーラーカオ

茶色い生地の理由は、なんと「おしょうゆ」と「ココナッツシュガー」。香ばしい黒糖のようなコクがクセになります。てんさい糖でもおいしく作れます。

調理時間 45分
難易度 ★☆☆

材料（15〜18cmくらいのボウル1台分）

A｜米粉 —— 60g
　アーモンドプードル —— 20g
　コーンスターチ —— 20g
　ココナッツシュガー（またはてんさい糖）—— 30g

B｜豆乳 —— 80g
　はちみつ —— 大さじ1（22g）
　好みの植物油 —— 30g

C｜ベーキングパウダー —— 小さじ1/2（2g）
　重曹 —— 小さじ1/3（1.5g）

しょうゆ —— 小さじ2/3（3g）

Q.カップでも蒸せますか？

寝かせると溶けた砂糖が、点々と浮き出てくる。

シュワッとします！

1　2

3　4

1　ボウルにAを入れて混ぜ、中央をくぼませてBを加え、さらに混ぜる。ラップをして、冷蔵庫で30分以上寝かせる。
　　ひと晩寝かせると、さらにおいしい。

2　Cを小さな器に入れて混ぜ、水小さじ1（分量外）を加えて溶かし、1に加え、1分ほどすばやくしっかり混ぜる。

3　しょうゆを加え、さらによく混ぜる。

4　ボウルのまま、蒸気の立った蒸し器に入れ、強火で35分ほど蒸す。
　　ボウルを逆さにして冷ますと、水分がほどよく回る。

A．はい。5個のカップに流し、強火で14分蒸してください。

生クリームを使わずに、真っ白でクリーミー

かんたん パンナコッタ

ぷるっとした口あたりのデザート。
そのままでもおいしいですが、
ラズベリーソース（P107）とよく合います。
バット型で作って取り分けても手軽です。

調理時間 15分
難易度 ★☆☆

材料（カップ6個分）
A | 水 —— 50g
　| 粉寒天 —— 小さじ1（2g）
B | 豆乳 —— 350g
　| コーンスターチ（またはくず粉）—— 12g
　| 塩 —— ひとつまみ

ココナッツクリーム —— 200g
てんさい糖 —— 40～50g（好みで加減する）
ラム酒（またはバニラエキストラクト）—— 小さじ2（10g）

Q.ココナッツミルクではダメでしょうか？

1 鍋にAを入れて木ベラでよく混ぜ、5分ほど置く。

2 Bを加えて中火にかけて混ぜ、沸騰したら弱火で3分加熱する。
　絶えず混ぜ続けること。

3 弱火にかけたまま、ココナッツクリームを少しずつ入れて混ぜ、なめらかな状態になったらラム酒を加え、ひと煮立ちさせて火を止め、てんさい糖を加えて混ぜる。

4 カップに流し込み、粗熱を取って冷蔵庫で冷やし固める。

A.大丈夫です。同量で作れます（少しさっぱりめの仕上がりになります）。

シンプルな材料でできる、食後にぴったりのあっさり味

なめらか
チョコプリン

ココアパウダーを植物油で溶かして作る、
豆乳ベースのおいしいプリン。
後味がさっぱりした、
笑顔になるおいしさです。

調理時間 20分
難易度 ★☆☆

材料（カップ6個分）

A | 水 —— 50g
　| 粉寒天 —— 小さじ1（2g）
B | 豆乳 —— 500g
　| コーンスターチ（またはくず粉）—— 15g
　| てんさい糖 —— 50〜60g（好みで加減する）
　| 塩 —— ひとつまみ
C | ココアパウダー —— 15〜20g
　| 好みの植物油 —— 50g
ラム酒 —— 小さじ2

＊ココナッツオイルを使うとおいしい。

Q.小さな子どもに食べさせたいのですが……。

1 小さなボウルにCを入れ、よく混ぜる。

2 鍋にAを入れて木ベラでよく混ぜ、5分ほど置く。
Bを加えて中火にかけて混ぜ、
沸騰したら弱火で3分加熱する。

絶えず混ぜ続けること。

3 弱火にかけたまま1を加えて混ぜ、
ラム酒を加えてひと煮立ちさせて火を止める。

4 カップに流し込み、
粗熱を取って冷蔵庫で冷やし固める。

ひと晩冷やすとおいしい。

A. ココアパウダーの代わりにキャロブパウダー、ラム酒の代わりにバニラパウダーを加え、てんさい糖を減らして。

パリパリに焦げた表面もおいしい！
まったりとろけるデザート

さつまいもブリュレ

生クリームや卵たっぷりと勘違いしそうなほど、
とろとろなめらかなさつまいものプリン。
カラメル部分を割るのが、
待ち遠しくなります。

調理時間 25分
難易度 ★★☆

材料（カップ6個分）
さつまいも ── 200g（皮をむいて正味）
てんさい糖 ── 45g
A│豆乳 ── 200g
　│バニラパウダー
　│（またはシナモンパウダー）── 少々
　│粉寒天 ── 小さじ1/2（1g）

ココナッツクリーム ── 150g
ラム酒 ── 大さじ1と1/2
てんさい糖（仕上げ用）── 適量

Q.表面を焦がすのに、時間がかかって面倒です……。

スプーンは黒くなって
よいものを!
軍手をしましょう。

1 さつまいもは輪切りにして水にさらす。
鍋に入れ、水をたっぷり加え、竹串を刺すと
くずれるくらいやわらかくなるまでゆでる。
湯を捨てて、熱いうちにてんさい糖を加えて
ヘラでつぶす。

2 すぐにAを加えてのばし、
なめらかになるまでよく混ぜる。
中火にかけて、沸騰したら弱火にして3分加熱する。

3 弱火にかけたまま、
ココナッツクリームを少しずつ入れて混ぜ、
なめらかな状態になったら
ラム酒を加えてひと煮立ちさせる。

4 カップに流し込み、粗熱を取って
冷蔵庫で冷やし固める。
食べるときに表面にてんさい糖をふり、
スプーンの先を50秒くらい火で温め、
表面をすべらせるように当てて焦がす。

A.P26・2と同様に、てんさい糖45gでキャラメルソースを作ってかけてもおいしいです!

73

HETA-OYATSU

4

指で押して作る
ゆびタルト

HETA-DEMO

バターを使わずにザクザク

クッキー同様、バターを使わなくても
濃厚で食感豊かなタルト台に。
小麦粉がないことで焼き縮みしないので、
寝かせる必要もありません。

HETA-DEMO

ポロポロの生地を指で押すだけ

めん棒で生地をのばして切り落とすのではなく、
ポロポロの生地を型に入れ、指で押し固める
気軽なタルトの作り方です。

HETA-DEMO

バット型を台にしてもいい

タルト型がない場合は、
P96 の焼きチーズケーキのように、
バット型などの底にタルト生地をしき詰めれば、
好みのフィリングを流して同様に作ることもできます。

25分
焼いたもの

10分
焼いたもの

ポロポロにした生地を型に入れ、指先でギュッギュッ！

きほんの
ゆびタルト

タルトって、難しいと思い込んでいませんか？
初めての人でも作れる、ザクザクのタルト台です。
米粉で作れば、焼き縮みしにくいから失敗なし！
P78 ～を参考に、フィリングはお好みで。

調理時間　25〜40分
難易度　★☆☆

材料（18cmのタルト型1台分）

オートミール —— 60g
米粉 —— 60g

A｜豆腐（絹）—— 25g
　｜てんさい糖 —— 20g
　｜粉寒天 —— 小さじ2（4g）
　｜塩 —— ふたつまみ

好みの植物油 —— 50g

＊シナモンパウダー適量を入れてもおいしい。

Q. タルトの焼き時間が違うのは、なぜですか？

ココナッツオイルを使う場合は、溶かしたものを一気に入れてすばやく混ぜること。

焼き時間は、下のQ&Aを参考にしてください。

1　ボウルにオートミールを入れ、なるべく手で細かく砕く。

細かくすることで、台が崩れにくくなります。

2　米粉を加え、泡立て器でよく混ぜる。

3　別のボウルにAを入れ、豆腐がなめらかになるまで混ぜる。油を少しずつ加えてさらに混ぜ、乳化させる。

4　2に3を入れ、ポロポロのフレーク状になるまでヘラでよく混ぜる。

5　タルト型に油(分量外)をぬり、4をしき詰める。

6　型に指をギュッと押し当てながら、底と側面を固める。フォークか竹串で底全体に穴を開け、160℃に温めたオーブンで10分、または25〜30分サクッとするまで焼く。

A. あとでフィリングを入れて焼く場合は10分、盛りつけてそのまま食べる場合は25〜30分空焼きします。

77

へたっぴが本領発揮！
いちごを放り投げて完成させよう

放り投げ
いちごタルト

タルトという言葉に、怖じ気づくのはおしまいです。
空焼きした生地にカスタードを流したら、
あとはもうゴールはすぐそこ。
かんたんだけど華やかなホールの完成！

調理時間 — 15分
難易度 — ★☆☆

材料（18cmのタルト型1台分）
きほんのゆびタルト
　（P76・25分空焼きしたもの）—— 1台
カスタードクリーム（P103）—— 全量
いちご —— 1パック

［はちみつナパージュ］
はちみつ —— 25g
粉寒天 —— 小さじ1/2（1g）
水 —— 75g

ココナッツミルクパウダー（またはてんさい糖と片栗粉を
3:1で混ぜたもの）—— 適量（なくてもよい）

Q.他におすすめのレシピはありますか？

2 ここだけはきれいに並べよう。

1 タルトにカスタードクリームを流し込み、
冷やしておく。
前日に作っておいてもいい。

2 いちごはへたを取って半分に切る。
1の外周だけぐるっと並べる。

3 残りのいちごをタルトの中央に放り投げる。
どんどん積んでしまいましょう。

4 ［はちみつナパージュ］を作る。
小鍋に材料をすべて入れてよく混ぜて弱火にかけ、
沸騰したら2分加熱する。
3にざっとかける。
食べるときに、好みで
ココナッツミルクパウダーなどをふる。

A. P104のへたチョコクリームを詰めてもよく合います。どんなフルーツもおすすめ！

79

裏ごしをしなくてもクリーミー。
濃厚な舌ざわりが絶品

かぼちゃの タルト

焼きたても、冷やしてもおいしい！
きれいな黄色が目を引くタルトです。
かぼちゃのおいしい季節やハロウィンに、
みんなで協力して作ってみてください。

調理時間 55分
難易度 ★☆☆

材料（18cmのタルト型1台分）
きほんのゆびタルト（P76・10分空焼きしたもの） —— 1台
かぼちゃ —— 300g（ゆでて正味）
てんさい糖 —— 50g
A｜豆乳 —— 75g
　｜粉寒天 —— 小さじ1（2g）
｜ラム酒 —— 小さじ2（10g）（またはシナモンパウダー少々）
｜塩 —— ひとつまみ
好みの植物油 —— 大さじ2（26g）
かぼちゃの種 —— 適量
＊ゆびタルトにシナモンパウダーを入れるとおいしい。

Q.さつまいもでもできるでしょうか？

1 ゆでたかぼちゃは熱いうちにボウルに入れ、てんさい糖を加え、泡立て器でよくつぶす。

2 てんさい糖を溶かし、なめらかになったらAを加え、よく混ぜる。

3 油を加えてさらに混ぜ、乳化させる。

4 タルトに流し込み、160℃に温めたオーブンで40分焼く。粗熱が取れたら、かぼちゃの種を飾り、冷蔵庫でよく冷やす。

A. はい。紫いもでもきれいにできます。その場合、豆乳を100gに増やしてください。

薄切りの断面が美しい、秋冬に絶対作りたくなる一品

焼きりんごのタルト

りんごを好きに並べてじっくり焼く、寒い季節のベイクドタルト。
タルト台とアーモンドクリームを準備して、好みのりんごで作ってみてください。

調理時間 70分
難易度 ★★☆

材料（18cmのタルト型1台分）
きほんのゆびタルト（P76・10分空焼きしたもの）── 1台
りんご ── 1個（芯を除いて正味200g）
アーモンドクリーム（P105）── 全量
好みの植物油 ── 適量
ココナッツミルクパウダー（またはてんさい糖と片栗粉を3：1で混ぜたもの）── 適量（なくてもよい）

＊ゆびタルトにシナモンパウダーを入れたり、仕上げにシナモンシュガーをふってもおいしい。

Q.りんご以外でも作れますか？

1 2

3 4

1 ゆびタルトを空焼きしておく。

2 タルトにアーモンドクリームを流し込む。

3 薄切りにしたりんごをギュッと押し込み、刷毛でりんごに油をぬる。

4 170℃に温めたオーブンで60分〜
りんごの水分が飛ぶまで焼く。
食べるときに、好みで
ココナッツミルクパウダーなどをふる。

A. 洋梨やさつまいもでもおいしいですよ。

さっぱりと甘すぎないから、ずっと飽きないおいしさ

ブルーベリー
ヨーグルトタルト

チーズケーキほどこってりしないけれど、
軽い食べごこちがちょうどいい。
ヨーグルトのフィリングは、タルトとの相性もばっちり。
じつは、ブルーベリーを入れなくても◎。

調理時間 45分
難易度 ★☆☆

材料（18cmのタルト型1台分）
きほんのゆびタルト（P76・10分空焼きしたもの）—— 1台
豆乳ヨーグルト —— 600g
A│ てんさい糖 —— 40〜50g
　│ 粉寒天 —— 小さじ1/2（1g）
　│ 塩 —— ひとつまみ
　│ 好みの植物油 —— 小さじ2（8g）

ブルーベリー（冷凍でもよい）—— 120g

＊てんさい糖は、ブルーベリーの甘さによって加減する。

Q．ヨーグルトは、豆乳ヨーグルトでないと作れませんか？

1 2

3 4

1　ざるの上にキッチンペーパーをしいてヨーグルトをのせ、ある程度水けをきってからラップをしてボウルなどの重石をし、しっかり水きりをして200g用意する。

2　ボウルに1を入れ、泡立て器でなめらかにし、さらにAを加えてよく混ぜ、油を乳化させる。

3　ブルーベリーを加え、ヘラで混ぜる。

4　タルトに流し込み、180℃に温めたオーブンで30〜35分、表面全体がふくらむまで焼く。

冷凍ブルーベリーの場合は、焼き時間が少し長くなる。

A. 普通のヨーグルトでも、同じように作れます。

パリッと固まるチョコが至福。
カフェみたいなスイーツ

チョコの
ミニタルト

生チョコは混ぜるだけ。
好みの大きさのタルト型で台を用意しておけば、
かんたんに作れます。
大きい型でも、迫力あるおやつに!

調理時間 ── 30分
難易度 ── ★☆☆

材料(8cmのミニタルト型6〜7個分)
きほんのゆびタルト(P76) ── 生地全量
[生チョコフィリング]
ココアパウダー ── 20g
はちみつ ── 30g
ココナッツオイル(溶かしたもの) ── 50g

好みのナッツ(ロースト) ── 適量(なくてもよい)

Q.ミニタルト型は8cmでないとダメですか? ☞

1 [生チョコフィリング]を作る。ボウルにココナッツオイルを入れ、ココアパウダーを加えてよく混ぜる。はちみつを加え、さらによく混ぜる。

2 冷水をはった大きなボウルに浸けて冷やし、クリーム状になるまでよく混ぜる。

冷蔵庫に入れ、固まりかけたところを混ぜても作れる。

3 タルト型に生地をふんわりしき詰め、型に指をギュッと押し当てながら、底と側面を固める。フォークで穴を開け、160℃に温めたオーブンで15分焼く。

4 ナッツを置き、2を流し込む。冷蔵庫でよく冷やす。

ナッツ以外にフルーツを入れてもおいしい。

A.どんな大きさでも大丈夫です。型にすりきりになるように生地を入れればいいんです。

ときめきが止まらない3つのハーモニー

桃の
ミニタルト

アーモンドクリームと、ホイップクリーム。
そして、愛らしい桃のコンポート。
渾然一体の存在感を放つデザートです。
風味は負けますが、缶詰の桃でも作れます。

調理時間 — 50分
難易度 — ★★★

材料（8cmのミニタルト型6個分）
きほんのゆびタルト（P76） —— 生地全量
桃 —— 小3個（皮をむいて正味600g）
A │ はちみつ —— 大さじ3（66g）
　│ 白ワイン（またはりんごジュース） —— 大さじ3（45g）
　│ ラズベリー（冷凍でもよい） —— 10g
B │ 米粉 —— 小さじ1/2（2g）
　│ 粉寒天 —— 小さじ1/2（1g）
アーモンドクリーム（P105） —— 全量
ヨーグルトホイップクリーム（P102） —— 適量

Q.桃を煮るときに、ラズベリーを入れるのはなぜ？

桃は、アボカドの要領で割れる！

1　2

3　4

1 P87・3と同様に、タルト型に生地を詰めて押し固め、アーモンドクリームを流し込み、170℃に温めたオーブンで25分焼く。

2 桃は縦に切れ込みを入れて二つ割にし、種と皮を取る。鍋に桃とAを入れてさっとからめ、ふたをして弱火にかける。沸騰して5分、上下を返して5分加熱し、そのまま冷ます。

3 1にヨーグルトホイップクリームをのせる。桃の水けをよくきってのせ（煮汁は取っておく）、冷蔵庫でよく冷やす。

4 桃の煮汁100gにBを入れてよく混ぜて米粉を溶かし、弱火にかける。沸騰したら、2分加熱する。熱いうちに、3の桃の表面に刷毛でぬる。

A. つやがけ用の米粉と混ざると、冷えたときにピンク色になって、かわいい仕上がりになります。

バターも卵も使わない、夢のキッシュを作ろう

じゃがいもの
チーズキッシュ

卵のアパレイユは豆腐ベースで、チーズは豆乳ヨーグルトと白玉粉で代用。軽いのに濃厚で、朝食やブランチにぜひ作りたいとっておき。

調理時間 60分
難易度 ★★★

材料（18cmのタルト型1台分）
きほんのゆびタルト
　（P76・10分空焼きしたもの）── 1台
じゃがいも ── 2個（皮をむいて正味200g）
玉ねぎ ── 1/2個
にんにく ── 1かけ

＊ゆびタルトは、てんさい糖を10gに減らし、塩を3つまみに増やして作る。

［豆腐フィリング］
豆腐（絹）── 1丁（200g）
白みそ ── 大さじ2（30g）
オリーブオイル ── 大さじ1と1/2（20g）
米粉 ── 20g
粉寒天 ── 小さじ1（2g）
塩、こしょう ── 各適量

［豆乳チーズ］
豆乳ヨーグルト ── 40g
白玉粉 ── 10g
オリーブオイル ── 大さじ1強（15g）
てんさい糖 ── 小さじ1/2（2g）
塩 ── 小さじ1/2弱（2g）

Q.ちょっと面倒くさそうなのですが……。

1　[豆乳チーズ]を作る。
ポリ袋にすべての材料を入れ、
白玉粉の粒がなくなるまでよくもむ。
10分以上置く。

2　じゃがいもはひと口大に切って塩ゆでにし、
マスタード（大さじ1〜・分量外）をからめる。
玉ねぎ、にんにくは薄切りにして炒め、
塩、こしょう（分量外）をふる。

3　[豆腐フィリング]を作る。
ボウルにすべての材料を入れ、豆腐を泡立て器で
つぶし、よく混ぜてなめらかにする。2の玉ねぎ
ソテーを入れて混ぜる。タルトにじゃがいもを並
べ、[豆腐フィリング]を流し込む。

4　1の[豆乳チーズ]の袋の端を切って、好きなだけかける。
180℃に温めたオーブンで
30分〜こんがりするまで焼く。

A. じゃがいも＋豆腐フィリング、もしくは豆乳チーズ、どっちかだけでもおいしいです。

HETA-OYATSU

5

乳製品を使わない
チーズのおやつ

HETA-DEMO

植物性の材料だけで作れる

人気のスイーツ・チーズケーキも、
乳製品、卵なしで作れます。
秘密は、豆乳ヨーグルト。
濃厚でクリーミー、まるで
チーズのような風味や食感に。

HETA-DEMO

水きりは重石でかんたん

チーズらしさにこだわるには、
ヨーグルトの水きりが命です。
1/3の量になるまで、しっかり水きりすることがポイント。
P95のように、上からボウルなどで重石をすれば、
1時間くらいで水きりできます。

好きなものを入れて固めれば、
おしゃれなオードブル風に

チーズデザート
ミックスベリー・ドライフルーツ＆ナッツ

クリームチーズに色とりどりの具材を
練り込んだような、デザートおやつです。
ココナッツを入れて南国風もおすすめ。
ケーキやパンにぬってもおいしい。

調理時間 15分
難易度 ★☆☆

材料（21×14×4cmのバット型1台分）
豆乳ヨーグルト —— 400g
塩 —— 小さじ1/2弱（2g）
ココナッツオイル（溶かしたもの）—— 40g

［ミックスベリー］
紫いもパウダー —— 小さじ1（3g）
ドライクランベリーやブルーベリー —— 70g
スライスアーモンド（ロースト）—— 20g

［ドライフルーツ＆ナッツ］
いちじく（ドライ）—— 80g
くるみ（ロースト）—— 20g

Q.他の具材でも作れますか？

重石はだんだん重くするとよい。

1 2

3 4

1 ざるの上にキッチンペーパーをしいてヨーグルトをのせ、ある程度水けをきってからラップをしてボウルなどの重石をし、しっかり水きりをして130g用意する。

2 ボウルに入れて塩を加え、泡立て器でよく混ぜてなめらかにする。ココナッツオイルを加え、すばやくよく混ぜて乳化させる。

3 粗く刻んだドライフルーツやナッツなどを入れて混ぜる。

4 オーブンシートをしいたバット型に流し込み、冷蔵庫で冷やし固める。固まったら型から取り出し、包丁で切る。

ひと晩冷やすと、きれいに切れる。

A. かぼちゃパウダーを入れ、ドライマンゴーやパイナップルを入れたトロピカルなアレンジもおすすめです。

95

乳製品なしでも大満足。
こってり濃厚なお気に入り

焼き
チーズケーキ

みっちりきれいな断面に切れると、
うれしい達成感に包まれます。
濃いチーズ（風）とザクッとした台が、
大人も子どもも大好物です。

調理時間 60分
難易度 ★☆☆

材料（21×14×4cmのバット型1台分）

[台]
オートミール ― 60g
はちみつ ― 10g
塩 ― ひとつまみ
ココナッツオイル
　（溶かしたもの）― 30g

[チーズフィリング]
豆乳ヨーグルト ― 900g
A　てんさい糖 ― 60g
　　コーンスターチ ― 30g
　　粉寒天 ― 小さじ1/2（1g）
　　白みそ ― 30g

はちみつ ― 30g
レモン汁 ― 小さじ1（5g）
レモンの皮（すりおろし）― 1/2個分
ココナッツオイル（溶かしたもの）― 60g

Q.バットで作らないといけないんですか？

1 ボウルにオートミールを入れて手で細かく砕き、[台]の材料をすべて混ぜる。

2 オーブンシートをしいたバット型の底面にギュッとしき詰め、160℃に温めたオーブンで10分焼く。

3 [チーズフィリング]を作る。P95・1と同様に、ヨーグルトを水きりして300g用意する。ボウルに入れ、泡立て器でなめらかにする。

4 Aを加え、なめらかになるまでよく混ぜ、ラップをして5分寝かせる。

5 ココナッツオイルを加えてさらに混ぜ、乳化させる。

6 2に5を流し込み、170℃に温めたオーブンで35分、220℃に上げて3〜5分、表面がこんがりするまで焼く。

A. 18cmくらいの耐熱皿やタルト型でも大丈夫です。

焼きチーズケーキ (P96) のアレンジ①

洋梨のチーズケーキ

香り豊かな洋梨が、ジューシーでリッチ。
フレッシュな味わいのチーズケーキです。

調理時間 ★☆☆ 70分

材料（21×14×4cmのバット型1台分）
台（P96）── 1台
洋梨 ── 200〜250g（皮、芯を除いて正味）
[チーズフィリング]
豆乳ヨーグルト ── 600g
A｜てんさい糖 ── 40g
　｜コーンスターチ ── 20g
　｜粉寒天 ── 小さじ1/2(1g)
　｜白みそ ── 20g
　｜はちみつ ── 20g
　｜レモン汁 ── 小さじ1/2(2.5g)
　｜バニラエキストラクト ── 小さじ1
ココナッツオイル（溶かしたもの）── 40g
ココナッツミルクパウダー ── 適量（なくてもよい）

1　P97・1〜2と同様に、[台]を作る。
2　[チーズフィリング]を作る。
　　P95・1と同様に、ヨーグルトを水きりして200g用意する。
　　Aを加え、なめらかになるまでよく混ぜ、
　　ラップをして5分寝かせる。
　　ココナッツオイルを加えて乳化させる。
3　1に2を流し込み、薄切りにした洋梨をのせる。
　　ココナッツオイル小さじ1（分量外）を刷毛でぬる。
4　170℃に温めたオーブンで45〜50分焼く。
　　洋梨の水分が飛ぶまで。
　　好みでココナッツミルクパウダーをふる。

Q. りんごをのせてもいいですか？

焼きチーズケーキ(P96)のアレンジ②

かぼちゃのチーズケーキ

まったりとなめらかな甘みがクセになる、
やさしい味わいが口に広がります。

調理時間 60分
難易度 ★☆☆

材料(21×14×4cmのバット型1台分)
台(P96) —— 1台
[チーズフィリング]
豆乳ヨーグルト —— 900g
A | てんさい糖 —— 60g
　 | かぼちゃパウダー —— 20g
　 | コーンスターチ —— 10g
　 | 粉寒天 —— 小さじ1/2(1g)
　 | 白みそ —— 30g
　 | はちみつ —— 30g
　 | ラム酒 —— 小さじ2(10g)
ココナッツオイル(溶かしたもの) —— 60g

1 P97・1〜2と同様に、[台]を作る。
2 [チーズフィリング]を作る。
　P95・1と同様に、
　ヨーグルトを水きりして300g用意する。
　Aを加え、なめらかになるまでよく混ぜ、
　ラップをして5分寝かせる。
　ココナッツオイルを加えて乳化させる。
3 1に2を流し込む。
4 170℃に温めたオーブンで35分、220℃に上げて
　3〜5分、表面がこんがりするまで焼く。

＊台に、シナモンパウダー小さじ1/2を加えて焼くとおいしい。

A.焼き時間を60分ほどにすれば、おいしく作れます。

HETA-OYATSU

6

混ぜて作る
クリームのレシピ

HETA-DEMO

生クリームも卵も使わない

万能なホイップクリームは、生クリームを使わずに。
ぷるっと濃厚なカスタードは、小麦粉も卵も使わずに作れます。
植物性の材料だけなのにくせがなく、
みんながおいしいクリームです。

HETA-DEMO

混ぜるだけで作れる

といっても、生クリームのように、空気をたくさん含ませたり、
プロセッサーで根気よく泡立てる必要はありません。
材料をよく混ぜ、しっかり乳化させ、
加熱して、冷やせば、おいしいクリームの完成！

HETA-DEMO

食べる組み合わせは自由

ケーキやタルトにのせたり、クッキーですくったり、
食べる組み合わせは無限です。

混ぜるだけで、軽やかでなめらか
ヨーグルト
ホイップクリーム

材料（作りやすい分量）
豆乳ヨーグルト —— 400g
てんさい糖 —— 30〜40g
塩 —— ひとつまみ
ココナッツオイル（溶かしたもの）—— 50g

豆乳ヨーグルトを水きりして乳化させる、白崎茶会の人気レシピ。
さっぱりとした後味。固さ調整もしやすいです。

1
ざるの上にキッチンペーパーをしいてヨーグルトをのせ、しっかり水きりをする。ボウルに入れる。

2
てんさい糖、塩を加え、泡立て器でなめらかになるまでよく混ぜる。ココナッツオイルを入れてさらに混ぜ、一度分離するが（写真）、すばやく混ぜ続けて乳化させる。

3
ふわっと空気を含んだら完成。冷蔵庫でよく冷やす。

ラズベリーヨーグルトクリーム
しっかり水きりをしたヨーグルトに、ラズベリージャム（P107）大さじ3と紫いもパウダー小さじ1を加え、てんさい糖を10〜20gに減らし、同様に作る。

固くしたいときは
ヨーグルトの水きりをするときに、P95・1と同様に、ボウルなどで重石をしてしっかり水きりし、ココナッツオイルを増やすと、クッキーやタルト、シュークリームによく合う固めのクリームができる。

やわらかくしたいときは
てんさい糖をメープルシロップやはちみつ（大さじ2〜3）に代えて作ると、フルーツなどによく合うやわらかいクリームができる。凍らせてもおいしい。

ぷるぷるっと濃厚なおやつの名脇役

レモン
カスタードクリーム

卵、小麦粉なしの、ほんのり甘酸っぱいカスタード。
シュークリームやタルトに詰めやすい固さに仕上がります。

材料（作りやすい分量）
A｜コーンスターチ —— 25g
　｜好みの植物油 —— 25g
てんさい糖 —— 50g
塩 —— ひとつまみ
豆乳 —— 250g
レモン汁 —— 25g
レモンの皮（すりおろし）—— 1/2個分
＊タルトに詰める場合は、粉寒天小さじ1/2を加える。

1

小鍋にAを入れ、木ベラでよく混ぜる。

2

なめらかになったら、てんさい糖と塩を加えてよく混ぜる。

3

豆乳を加えて混ぜ、中火にかける。沸騰したら弱火にし、絶えず混ぜながら、フツフツしている状態で3分加熱する。火を止めてレモン汁と皮を加えて混ぜる。保存容器に入れ、ラップを貼りつける。

カスタードクリーム

レモン汁、レモンの皮の代わりに、バニラパウダー少々（またはバニラエキストラクト小さじ2）を加え、コーンスターチを20gに、てんさい糖を40gに減らし、同様に作る。シュークリームやタルトに詰めやすい固さになる。

タルトに詰めるときは

粉寒天を豆乳と一緒に加え、同様に作る。粗熱を取って、まだ温かいうちにタルト台に流し込むと、カットもしやすくなる。

きれいな卵色にするには

コーンスターチを20gに減らし、かぼちゃパウダーを5g加え、同様に作ると、おいしそうな黄色のクリームになる。

103

特別な道具は使わず、誰でも失敗しない！
へたチョコクリーム

何にでも合う、クリームらしいクリームです。
水きりする必要もなく、プロセッサーも不要。

材料（作りやすい分量）
A｜豆腐（絹） —— 150g
　｜てんさい糖 —— 40g
　｜ココアパウダー —— 20g
　｜コーンスターチ —— 小さじ2（4g）
　｜塩 —— ひとつまみ
ラム酒 —— 小さじ2（10g）
ココナッツオイル（溶かしたもの） —— 50g（または好みの植物油30g）

1

小鍋にAを入れ、
泡立て器で豆腐をつぶし、
なめらかになるまでよく混ぜる。

2

中火にかけ、フツフツしてきたら
弱火にして3分、
よく混ぜながら加熱する。
ラム酒を加えてひと煮立ちさせて
火を止め、油を加えて乳化させる。

3

ふわっと乳化したら完成。
冷蔵庫でよく冷やす。

> 夏は、鍋ごと水をはったボウルに浸ける。

へたバニラクリーム

ココアパウダーを同量のココナッツミルクパウダーに、ラム酒を同量のバニラエキストラクト（またはバニラパウダー少々）に代え、てんさい糖を20〜30gに減らし、同様に作る。

小さなお子さんには

ココアパウダーを同量のキャロブパウダーに、ラム酒を同量のバニラエキストラクト（またはバニラパウダー少々）に代え、てんさい糖を20〜30gに減らし、同様に作る。

保存方法

保存容器に入れ、冷蔵庫で3〜4日くらい。

ナッツのコクがまったり口に広がる

アーモンドクリーム
（加熱専用）

タルトにしき詰め、フルーツやナッツなどをのせて焼きます。
そのまま食べられないので注意。

材料（作りやすい分量）
A｜アーモンドプードル ── 50g
　｜コーンスターチ ── 10g
豆腐（絹） ── 40g
てんさい糖 ── 40g
塩 ── ひとつまみ
ラム酒 ── 小さじ2（10g）
ココナッツオイル（溶かしたもの） ── 40g
（または好みの植物油25g）

1

ボウルに豆腐を入れ、
泡立て器で
なめらかになるまで混ぜる。

> 泡立て器の先で、よくつぶしましょう。

おすすめレシピ

タルト台をしかず、耐熱容器やバット型にクリームを直接流し込み、季節のフルーツをのせ、170℃に温めたオーブンに入れ、こんがりするまで焼くだけでもおいしい。

2

てんさい糖、塩、ラム酒を加えて混ぜ、
ココナッツオイルを加えて乳化させる。

おいしいアレンジ

大豆粉があれば、コーンスターチの代わりに同量使うと、しっかりしたクリームになって、フルーツをたくさんのせて焼いても水っぽくならない。

3

Aを加え、
なめらかになるまで混ぜる。
タルトに流し込んで焼く。

おいしいアレンジ②

P36ジャムクッキーのジャムの代わりにくぼみに入れて焼いたり、P46いちじくクッキーサンドのいちじくの代わりにはさんで焼いてもおいしい。

ケーキをおいしくコーティングする
寒天グラッサージュ

チョコレート味のつやがけです。
名前の割にかんたんで、みんなに自慢できるワザです。

材料（作りやすい分量）
豆乳 —— 40g
水 —— 40g
A │ ココアパウダー —— 20g
　│ てんさい糖 —— 30g
　│ 粉寒天 —— 小さじ1/2(1g)

1

小鍋にAを入れ、
泡立て器でよく混ぜる。

2

少しずつ水でのばし、
豆乳も加えて弱火にかけ、
煮立ったら30秒ほど加熱する。

3

温かいうちに、
冷ましたケーキなどにかける。

グラッサージュのいいところ

寒天なので、P86［生チョコフィリング］よりも、かなりさっぱりした味で、常温でも溶けないので持ち運びに便利。またケーキにかけておくと、ふわふわ感が長く続く。

グラッサージュが残ったら？

オーブンシートにスプーンでポトポト落としたり、小さなシリコン型に流し込んで固めれば、つやつやで可愛いチョコゼリーの完成！

おすすめレシピ

P18どっしりバナナブレッドを、表面にバナナをのせずに焼く。冷めてから、熱いグラッサージュをかければ、チョコバナナケーキに。P56〜カップケーキも、グラッサージュとよく合う。（オレンジカップケーキはオレンジを表面にのせずに！）

ジャムより難しくない
真っ赤な
ラズベリーソース

材料（作りやすい分量）
ラズベリー（冷凍でもよい） —— 100g
はちみつ —— 50g
塩 —— 少々

冷凍フルーツさえあれば、長時間煮ずに作れます。
すぐに冷やすと、たちまち鮮やかに！

1

小鍋にすべての材料を入れ、
30分ほど置く。

> ラズベリーから水分が出てくる。

2

強めの中火にかけ、
木ベラでラズベリーをつぶす。
沸騰したら1分加熱する。

> つぶすとペクチンが出て、
> とろみがつきやすい。

3

ソースが熱いうちに保存瓶に入れ、
冷水をはったボウルに浸けて
急冷する。

> ときどきかき混ぜて
> 冷ますこと。

ラズベリージャム

はちみつの代わりに、てんさい糖30〜40gを加え、沸騰してからとろみがつくまで5分くらい加熱し、他は同様に作ると、ジャムになる。P36ジャムクッキーに、このジャムを使うとおいしい。

おすすめの食べ方

P70なめらかチョコプリンにかけるとおいしい。

おいしいアレンジ

粉寒天小さじ1/2（1g）を火にかけるときに加えて同様に作り、粗熱を取って、ほんのり温かいうちにタルト台に流し込むときれいなゼリータルトに。下にカスタードクリームをしくと、さらにおいしい！

| おまけレシピ |

オニオンブレッド&ジンジャーブレッド

オニオンブレッド

玉ねぎ1/2個とにんにく1かけを薄切りにし、オリーブオイル大さじ1で飴色になるまでよく炒め、塩、こしょうで味をつけ、冷ましておく。
P16 ふわふわコーンブレッドで、豆乳ヨーグルトを120gに減らして生地を作り、最後に炒めた玉ねぎソテーを加えて同様に焼く。好みでオリーブの輪切りをのせたり、塩、こしょう、ドライハーブなどをふってもおいしい。

ジンジャーブレッド

P16 ふわふわコーンブレッドに、ジンジャーパウダー小さじ1、シナモンパウダー小さじ1、てんさい糖(またはココナッツシュガー)20gを加えて同様に作る。

HETA-OYATSU
おわりに

そもそも、「へた」で何が悪いんだろう？と思うのです。
だって、お店でおやつを買えば、「へた」にはなりませんよね？
作ったとしても、市販のスポンジを使ったり、板チョコをレンジでチンしたり、
ミックス粉に卵をポンと入れれば、特別「へた」にはならないはずです。

誰かのために、それらをやめて、自分で一から材料を選び、作ることにした、
ほとんどお菓子作りの経験がない、そんな勇敢な人たちが、最初にぶつかる壁。
それが、「へた」なんだと思います。「へた」はえらいのです。

ですから、出来上がったものが少々「へた」でも、
「へたおやつだから、へたであたりまえ。上手にできたら、むしろびっくり」
くらいの心構えでいてください。そして、うまくいかないかも……
という呪いをかける前に、「もっとしっかり混ぜてみよう」とか
「次は、あと5分長く焼いてみよう」なんて考えると、
びっくりする日がどんどん増えていくはずなんです。

「へた」卒業の日まで、ぜひこの本を使ってください。
歩いたことのない道を、あたらしい靴を履いて勇敢に進むあなたが、
なるべく靴づれしないようにしておきました。
みんなで、楽しくおいしい時間を過ごせますように。

カメラマンの寺澤さん、デザイナーの藤田さん、スタイリストの中里さん、
そして編集の和田さん、言葉にできないくらい感謝しています。
茶会スタッフのみんなもありがとう。

2017年11月の新月の日に　白崎裕子

白崎茶会 おすすめの材料

粉類

米粉（陰陽洞）

大豆の粉（富澤商店）

アーモンドプードル（陰陽洞）

コーンスターチ（陰陽洞）

北海道産片栗粉（ムソー）

有機クイックオーツ（テングナチュラルフーズ／アリサン）

有機コーンミール（テングナチュラルフーズ／アリサン）

かんてんぱぱ かんてんクック（伊那食品工業）

シリンゴル重曹（木曽路物産）

ラムフォード ベーキングパウダー（テングナチュラルフーズ／アリサン）

オーガニックベーキングパウダー（陰陽洞）

水分

有機豆乳 無調整（マルサンアイ）

豆乳グルト（マルサンアイ）

卵乃家 絹とうふ（大近）

オーガニックレモン100％しぼりたて（ムソー）

オーガニックココナッツクリーム（ムソー）

有機やさか白みそ（やさか共同農場）

糖類

北海道産 てんさい含蜜糖 粉末タイプ（陰陽洞）

ミエリツィア イタリア産アカシアのハチミツ（日仏貿易）

アレガニ 有機メープルシロップ（ミトク）

ココナッツシュガー（ココウェル）

ハニーココナッツ（ディアンタマを支える会）

アガベシロップ（テングナチュラルフーズ／アリサン）

塩

石垣の塩（石垣の塩）

[問い合わせ先] ◎アルマテラ http://agave-jp.com ◎石垣の塩 ☎0980-83-8711 http://www.ishigakinoshio.com/ ◎伊那食品工業 www.kantenpp.co.jp/ ◎陰陽洞 ☎046-873-7137 http://in-yo-do.com/ ◎オーガニックフォレスト ☎03-5727-1213 shop.organicforest.co.jp/ ◎木曽路物産 ☎0573-26-1805 http://www.kisojibussan.co.jp/ ◎ココウェル ☎0120-01-5572 http://www.cocowell.co.jp/ ◎大近 ☎0120-80-3740 ◎高岡醸造 ☎0997-83-0014 ◎ディアンタマを支える会 ☎042-555-9410 http://www.geocities.jp/yasizato ◎テングナチュラルフーズ／アリサン ☎042-982-4811 http://www.alishan-organics.com/ ◎富澤商店 ☎042-776-6488 https://tomiz.com/ ◎日仏貿易 http://www.mielizia.jp/ ◎マルサンアイ ☎0120-92-2503 http://www.marusanai.co.jp/ ◎ミトク ☎0120-744-441 http://www.31095.jp/ ◎ムソー ☎06-6945-5800 http://muso.co.jp/ ◎やさか共同農場 ☎0855-48-2510

油 👉

国産なたねサラダ油（ムソー）

プレミアムココナッツオイル（ココウェル）

副材料 👉

オーガニックブラックココア（ムソー）

有機カカオニブ（万直商店）

有機アガベチョコレート70%（アルマテラ）

ココナッツミルクパウダー（ココウェル）

オーガニックインスタント珈琲（ムソー）

デシケイテッドココナッツロング（ココウェル）

ピーナッツバター スムース（テングナチュラルフーズ／アリサン）

ルリカケス ラム 40度（高岡醸造）

Rapunzel バニラパウダー（オーガニックフォレスト）

オーガニックバニラ・オレンジエクストラクト（テングナチュラルフーズ／アリサン）

ナッツフリーで作るには？

ナッツアレルギーやナッツが苦手な人は、以下のように代用して、同様に作ることができます。

かんたんブラウニー（P20）＆へたザッハトルテ（P23）
アーモンドプードル25gを、コーンスターチ15gに代える。ココアパウダーを、同量のキャロブパウダーに代える。寒天グラッサージュ（P106）のココアパウダーも、同量のキャロブパウダーに代える。

ナッツブラウニー（P22）
アーモンドプードル25gをなくし、大豆粉を30gに増やす。ナッツの代わりに、ドライフルーツやオートミールなどを入れる。

キャラメルりんごケーキ（P26）
アーモンドプードル20gを、コーンミール12gに代える。

バナナのソフトクッキー（P30）＆マカダミアオレンジクッキー（P32）

板チョコレートやマカダミアナッツを、キャロブチップやレーズン、オレンジピール、ドライフルーツなどに代える。

コーヒーソフトクッキー（P33）
ココナッツロングを、オートミールに代える。インスタントコーヒーもダメな場合は、シナモンパウダー小さじ1/2に代える。

ふわふわカップケーキ（P56）＆オレンジカップケーキ（P59）
アーモンドプードル25gを、ふるったコーンミール15g（コーンフラワーが手に入れば、ふるう必要なし）に代える。

へたチョコカップケーキ（P58）
アーモンドプードル25gを、コーンスターチ15gに代える。

チーズ蒸しパン（P64）
アーモンドプードル20gをなくし、米粉を70gに増やし、かぼちゃパウダーを6gに増やす。

マーラーカオ（P66）
アーモンドプードル20gを、きな粉10gに代える。

かんたんパンナコッタ（P68）
豆乳を500gに増やす。コーンスターチを20gに増やす。ココナッツクリーム200gを、植物油50gに代える。植物油は豆乳を鍋に入れるタイミングで一緒に入れること。

チーズデザート（P94）
ココナッツオイル40gを他の植物油15gに代える。ナッツ20gを入れずに、ドライフルーツを90gに増やす。豆乳ヨーグルトの水きりの重石を重くして、しっかり水をきり、固めのドライフルーツを使うこと。

白崎裕子 しらさき・ひろこ

料理研究家。逗子市で40年続く自然食品店「陰陽洞」主宰の料理教室の講師を経て、海辺に建つ古民家で、オーガニック料理教室「白崎茶会」を開催。予約のとれない料理教室として知られ、全国各地から参加者多数。岡倉天心を師と仰ぎ、日々レシピ製作と教室に明け暮れる。座右の銘は「へたこそ物の上手なれ」。著書に、『かんたんお菓子』（WAVE出版）、『白崎茶会のかんたんパンレシピ』（学研プラス）、『秘密のストックレシピ』『白崎茶会のあたらしいおやつ』（ともにマガジンハウス）などがある。
HP「白崎茶会」
http://shirasakifukurou.jp

へたおやつ
小麦粉を使わない 白崎茶会のはじめてレシピ

2017年12月14日　第1刷発行

著者　白崎裕子
発行者　石﨑孟
発行所　株式会社マガジンハウス
〒104-8003
東京都中央区銀座3-13-10
書籍編集部　☎03-3545-7030
受注センター　☎049-275-1811

印刷・製本　凸版印刷株式会社

©2017 Hiroko Shirasaki, Printed in Japan
ISBN978-4-8387-2975-3 C2077

乱丁本、落丁本は購入書店明記のうえ、小社制作管理部宛にお送りください。送料小社負担にて、お取り替えいたします。但し、古書店等で購入されたものについてはお取り替えできません。定価は帯とカバーに表示してあります。
本書の無断複製（コピー、スキャン、デジタル化等）は禁じられています（但し、著作権法上の例外は除く）。断りなくスキャンやデジタル化することは著作権法違反に問われる可能性があります。

マガジンハウスのホームページ
http://magazineworld.jp/

撮影　——　寺澤太郎
デザイン　——　藤田康平（Barber）
スタイリング　——　中里真理子
編集　——　和田泰次郎
プリンティングディレクション　——　金子雅一（凸版印刷）

調理助手　——　山本果、水谷美奈子、会沢真知子
　　　　　　　菊池美咲、竹内よしこ、高橋美幸
食材協力　——　陰陽洞、菜園野の扉
Thanks　——　高木智代、伊藤由美子、上田悠、八木悠
　　　　　　　和井田美奈子、工藤由美、鈴木清佳
　　　　　　　田口綾、相川真紀子、上杉佳緒理
　　　　　　　白崎茶会生徒の皆さん

参考資料（デザイン）　——　『COOKING FROM ABOVE』（Hamlyn）